Jugend privat

Jugend privat

Verwöhnt? Bindungslos?
Hedonistisch?

Ein Bericht des SINUS-Instituts
im Auftrag des
Bundesministers für Jugend,
Familie und Gesundheit

CIP-Kurztitelaufnahme der Deutschen Bibliothek

Jugend privat : Verwöhnt? Bindungslos? Hedonist.?;
Ein Bericht d. SINUS-Inst. / im Auftr. d. Bundesministers für
Jugend, Familie u. Gesundheit. – Opladen : Leske und
Budrich, 1985.
ISBN: 3-8100-0523-1

NE: Sozialwissenschaftliches Institut Nowak und
Sörgel (München; Heidelberg)

(c) 1985 by Leske Verlag + Budrich GmbH, Leverkusen
Gesamtherstellung: Presse-Druck und Verlags-GmbH, Augsburg
Printed in Germany

Vorwort

Um eventuelle Mißverständnisse gar nicht erst aufkommen zu lassen: Hier wird nicht schon wieder eine brandneue Jugendstudie vorgestellt — wo man doch die bis dato letzte und vorletzte Studie noch kaum zur Kenntnis nehmen konnte —, sondern der vorliegende Band schließt die Berichterstattung über ein großes Jugendforschungsprojekt ergänzend ab, das das SINUS-Institut im Auftrag des Bundesministers für Jugend, Familie und Gesundheit durchgeführt hat.

Im Sommer 1983 war, ebenfalls bei Leske, unter dem Titel ,,Die verunsicherte Generation — Jugend und Wertewandel" der erste Bericht über das Forschungsprojekt erschienen. Diese Analyse griff die damals populäre These von der ,,Jugend als Träger des Wertewandels" auf und versuchte, vor allem die gesellschaftspolitischen Aspekte veränderter Motivationsstrukturen bei Jugendlichen und jungen Erwachsenen herauszuarbeiten. Die eher auf das ,,Privatleben" Jugendlicher zielenden Forschungsfragen wurden aus dieser ersten Analyse bewußt ausgeblendet. Sie sind Gegenstand dieses Berichts. ,,Jugend privat" hat also die Funktion, das Bild, das mit den Befunden dieser Jugendlichen entworfen wurde, zu vervollständigen.

Sowohl in der ,,Verunsicherten Generation" als auch in ,,Jugend privat" wird das im Rahmen der Untersuchung erhobene Datenmaterial eher zurückhaltend ausgebreitet, um die Leser nicht mit Prozentwerten zu ,,erschlagen". Wen die Datenauswahl nicht zufriedenstellt, kann weiterreichende Informationsbedürfnisse durch einen umfangreichen Materialienband, der in der Schriftenreihe des Jugendministeriums erschienen ist, leicht befriedigen.

Der Bericht ,,Jugendforschung in der Bundesrepublik", 1984 im Leske Verlag erschienen, wurde ebenfalls im Rahmen dieses Forschungsprojekts erarbeitet. Das Buch ist als Einführung in die Diskussion über Jugend gedacht, indem es wichtige Befunde der Jugendforschung aus den vergangenen 25 Jahren referiert und kommentiert.

Inhalt *(Ersatzinhaltsverzeichnis)*

Vorwort 5

I. Aufgabenstellung und Datenbasis 9

II. Materielle Sicherheit, Geld und Konsum 11
1. Das Zerrbild von der „Luxus-Jugend" 11
2. Sparsamkeit ist keine Tugend von gestern 13

III. Jugend und Erwachsenenwelt 15
1. Gute Noten für die Eltern 16
2. Autonomiestreben und Kritik an den Erwachsenen ... 19
3. Drei Orientierungstypen 21
4. Erfahrungen mit der Schule 28

IV. Die ungleiche Emanzipation: Rollenwandel und Partnerschaft bei jungen Frauen und Männern   30
1. Rollenflexibilität und Partnerschaft – Gemeinsame Leitbilder der jungen Generation 30
2. Strukturmuster des Rollenwandels 33
   a) Typologieanalyse junger Frauen 33
   b) Typologieanalyse junger Männer 38
3. Der Alltag der Emanzipation: Junge Frauen und Beruf   43
4. Zur Politisierung des weiblichen Bewußtseins: Frauen und „Neue Politik" 47

V. Jugend und Freizeit 50
1. Die freie Zeit ist ungleich verteilt 52
2. Die Freizeitpartner 53
3. Freizeitaktivitäten: Wer tut was? 54

Inhalt

Vorwort ....

I. **Aufgabenstellung und Datenbasis** ....

II. **Materielle Sicherheit, Geld und Konsum** ......
1. Das Zerrbild von der „Luxus-Jugend" ....
2. Sparsamkeit ist keine Tugend von gestern ....

III. **Jugend und Erwachsenenwelt** ....
1. Gute Noten für die Eltern.....................
2. Autonomiestreben und Kritik an den Erwachsenen ....
3. Drei Orientierungstypen......................
4. Erfahrungen mit der Schule ....

IV. **Die ungleiche Emanzipation: Rollenwandel und Partnerschaft bei jungen Frauen und Männern**
1. Rollenflexibilität und Partnerschaft – Gemeinsame Leitbilder der jungen Generation...................
2. Strukturmuster des Rollenwandels: ....
   a) Typologieanalyse junger Frauen ....
   b) Typologieanalyse junger Männer ....
3. Der Alltag der Emanzipation: Junge Frauen und Beruf .
4. Zur Politisierung des weiblichen Bewußtseins:
   Frauen und „Neue Politik"....................

V. **Jugend und Freizeit** ....
1. Die freie Zeit ist ungleich verteilt...............
2. Die Freizeitpartner ....
3. Freizeitaktivitäten: Wer tut was? ....

4. Organisierte Jugendliche – eine beachtenswerte
   Minderheit 59
5. Arbeitsorientierungen und Freizeitverhalten 61

VI. Jugendpolitik in unserer Zeit 65
Nachwort von Dr. Heiner Geißler

VII. Tabellenanhang 72
Verzeichnis der Tabellen 124

I. Aufgabenstellung und Datenbasis

Während der 1983 vorgelegte Bericht* sich darauf konzentrierte, die Leitmotive gesellschaftspolitischer Handlungsperspektiven im Jugendalter herauszuarbeiten, bemüht sich die vorliegende Untersuchung, die „Nahwelt" (um nicht zu sagen das „Privatleben") der Jugendlichen und jungen Erwachsenen etwas genauer zu beleuchten. Die von uns in vier Kapiteln diskutierten und in einem Tabellenanhang dargestellten Befunde basieren (wie schon der Bericht über „die verunsicherte Generation") auf den repräsentativen Antworten von 2.012 Jugendlichen und jungen Erwachsenen im Alter zwischen 15 und 30 Jahren, die im Sommer 1982 befragt wurden.

Da die individuelle Lebensgestaltung in einer Konsumgesellschaft nicht zuletzt von materiellen Voraussetzungen abhängig ist, haben wir im ersten Kapitel Befunde zur finanziellen Lage Jugendlicher und junger Erwachsener zusammengetragen und Einstellungen zu Geld und Konsum analysiert.

Im zweiten Kapitel geht es um die wichtige Frage, wie Jugendliche zum einen ihre Eltern, zum anderen die Erwachsenenwelt insgesamt sehen und beurteilen. Im Zentrum unserer Darstellung steht eine neu entwickelte Typologie, die Jugendliche zu drei Gruppen zusammenfaßt, die sich durch jeweils charakteristische Einstellungen zur Welt der Erwachsenen unterscheiden.

Das folgende Kapitel behandelt das Thema Rollenwandel. Auch hier werden zwei neue Typologieanalysen vorgestellt: Die Typologie des Rollenwandels bei jungen Frauen und bei jungen Männern. Besonders interessant in diesem Zusammenhang ist der Vergleich der beiden Geschlechter. Die Strukturmuster des weiblichen und des männlichen

---

* SINUS: Die verunsicherte Generation – Jugend und Wertewandel, Opladen 1983

Rollenwandels lassen sich nicht zur Deckung bringen. Daher die Kapitel-Überschrift: „Die ungleiche Emanzipation".

Da bei der Konzeption dieser Jugendstudie der Forschungsschwerpunkt auf gesellschaftspolitische Fragestellungen gelegt wurde, können wir mit dem vorhandenen Datenmaterial keine auch nur annähernd umfassende Analyse des Freizeitverhaltens im Jugendalter vornehmen. Dennoch haben die Erhebungen interessante Befunde zum Thema Freizeit erbracht. Im abschließenden Kapitel „Jugend und Freizeit" werden einige wichtige Aspekte dieses breiten Themenfeldes diskutiert. Es beschäftigt sich mit Freizeitpartnern und Freizeitaktivitäten der Jugendlichen und greift die These von den veränderten Einstellungen zu Arbeit und Freizeit als Ausdruck des gesamtgesellschaftlichen Wertewandels auf.

Für den vorliegenden Bericht wurden viele Daten neu berechnet und gesichtet. Um die Lektüre zu erleichtern, haben wir uns bemüht, den laufenden Text nicht mit Prozentzahlen zu überfrachten. Deshalb gibt es einen Tabellen-Anhang, der alle Daten enthält, die in unsere Analyse eingegangen sind.

II. Materielle Sicherheit, Geld und Konsum

1. Das Zerrbild von der „Luxus-Jugend"

Die persönliche Lebensgestaltung junger Menschen in der Konsumgesellschaft Bundesrepublik wird — wie die der mittleren und älteren Generation auch — zunächst und in erster Linie von der jeweiligen materiellen Situation geprägt. Das mag zwar eine triviale Feststellung sein, die uns aber gleichwohl notwendig erscheint, weil es in der öffentlichen Diskussion Mode geworden ist, „Jugend" und „Überflußgesellschaft" als eine Art begriffliche Einheit zu suggerieren. Ein Bild, das in jüngster Zeit — nicht zuletzt vor dem Hintergrund der sprunghaft angestiegenen Zahl arbeitsloser Jugendlicher — an Überzeugungskraft verliert. Wie sehen die materiellen Lebensverhältnisse von Jugendlichen und jungen Erwachsenen wirklich aus?

Die Zahlen, die wir für den repräsentativen Querschnitt der 15- bis 30jährigen errechnet haben, geben eine eher nüchterne Antwort. Rund 43 % aller Befragten leben nach eigenen Angaben in einem Haushalt mit einem monatlichen Nettoeinkommen unter 2.500 Mark und nur 10 % in einem Haushalt mit über 4.500 Mark netto pro Monat. Der Rest verteilt sich auf Einkommen zwischen diesen beiden Größen. Nun ist bei Angaben dieser Art zwar von einem gewissen Unsicherheitsfaktor auszugehen; dennoch läßt diese Verteilung den Schluß zu, daß die große Mehrheit der Jugendlichen und jungen Erwachsenen heute zwar materiell gesichert, aber keinesfalls im großen Überfluß lebt.

Ein weiteres, statistisch härteres Indiz für diese Feststellung scheint uns die Verteilung jener finanziellen Mittel zu sein, die jungen Leuten „zur freien Verfügung" stehen. Um systematische Fehler zu vermeiden, haben wir diese Zahlen nur für die Teilgruppe derjenigen Be-

fragten berechnet, die sich in Schul- oder Berufsausbildung befinden
— immerhin 42 % der Gesamtstichprobe:

Soviel Geld haben Befragte, die sich in Schul- oder Berufsausbildung befinden, monatlich zur freien Verfügung

unter	100 Mark	43 %
	100 bis 200 Mark	16 %
	200 bis 500 Mark	32 %
über	500 Mark	9 %

Basis: 852 Befragte in Schul- oder Berufsausbildung im Alter von 15 bis 30 Jahren

Über 40 % aller Schüler, Studenten und Auszubildenden in der Bundesrepublik, also junge Leute, die über kein eigenes Einkommen verfügen und auch in der Regel noch im Elternhaus wohnen, stehen monatlich weniger als 100 Mark zur „freien Verfügung". Angesichts des Preisniveaus der Freizeitindustrie keine überwältigende Summe. Auf mehr als 500 Mark im Monat bringen es dagegen lediglich 9 %.

Allein dieser materielle Aspekt verweist auf die Notwendigkeit kommunaler, kirchlicher und anderer nicht-kommerzieller Freizeitangebote (zum Beispiel Vereine). Unter der Annahme, daß sich die finanziellen Rahmenbedingungen für die Jugendlichen, die (noch) nicht ins Arbeitsleben integriert sind, mittelfristig zumindest nicht verbessern werden — das Gegenteil ist wahrscheinlicher —, wird die Notwendigkeit solcher Angebote noch größer.

Daß die materielle und soziale Sicherheit im Bewußtsein der meisten Jugendlichen und jungen Erwachsenen eine bedeutende Rolle spielt, haben wir im ersten Forschungsbericht bereits herausgearbeitet*. Diese Einstellungen variieren deutlich mit dem Alter der Befragten, wie Tabelle 1 im Anhang zeigt. Das 21. Lebensjahr scheint dabei eine Art „natürliche" Grenzlinie zu sein. Während sich die Hälfte aller 15- bis 17jährigen „noch keine Gedanken" über die persönliche finanzielle Sicherheit macht (49 %), und dieser Anteil bei den 18- bis 21jährigen immerhin noch 28 % ausmacht, sinkt er bei den 22- bis 30jährigen auf 14 % bzw. 11 %. Rund 30 % dieser höheren Altersgruppe schätzen ihre persönliche finanzielle Sicherheit im übrigen nicht rosig ein, fühlen sich also „finanziell nicht ausreichend gesichert".

* Vgl. SINUS: Die verunsicherte Generation — Jugend und Wertewandel, Opladen 1983

Unsere Befunde zeichnen, um es zusammenzufassen, also weder das Bild einer jungen Generation, die nicht über das Geld für den nächsten Kinobesuch verfügt, noch gibt es Anhaltspunkte für das Klischee, die Mehrheit der jungen Leute in der Bundesrepublik würde ein Luxusleben führen.

2. Sparsamkeit ist keine Tugend von gestern

Daß das Verhältnis Jugendlicher zum Geld eher nüchtern ist, und die Tugend der Sparsamkeit nicht aus der Mode gekommen ist, zeigt die Tabelle 2 im Anhang. Die Unterschiede zwischen den Geschlechtern fallen recht gering aus. Auffallend ist allerdings, daß noch mehr junge Frauen ihr Geld gerne „zusammenhalten" (73 %) als junge Männer (67 %). Dafür meinen etwas mehr junge Männer (57 %), „wenig Geld zum Leben" zu brauchen als junge Frauen (53 %). Auch die Unterschiede zwischen den einzelnen Altersgruppen sind überraschend gering, angesichts eines doch relativ breiten Altersspektrums. Auch hier fällt im wesentlichen nur eine Ausnahme ins Auge: die Jüngeren (15- bis 21jährigen) zeigen eine wesentlich unbekümmertere, „hedonistischere" Einstellung zum Geldausgeben als die über 21jährigen. Fast die Hälfte (45 %) der unter 21jährigen gibt Geld „meistens spontan" aus, aber nur 26 % bzw. 32 % der über 21jährigen. Der Anteil jener, die oft Dinge kaufen, ohne darüber nachzudenken, ob sie es sich leisten können, ist bei der jüngsten Altersgruppe (15- bis 17jährige) mit 21 % fast doppelt so hoch wie bei der Gruppe der 26- bis 30jährigen (12 %).

Eine andere Entwicklungslinie des Konsumbewußtseins kristallisiert sich ebenfalls in den vorliegenden Daten heraus: die Bereitschaft, Konsumverzicht zu üben. Immerhin wollen über 50 % aller Jugendlichen und jungen Erwachsenen den „Konsumterror" nicht mitmachen (bei den 22- bis 25jährigen sind es sogar über 60 %). Angesichts des realen Konsumverhaltens der großen Mehrheit der jungen Leute fehlt vielen (erwachsenen) Beobachtern der Glaube an die Ernsthaftigkeit solcher Botschaften; und zweifellos gibt es nicht wenige Jugendliche, die der verbalen Absage an den Konsum kaum Taten folgen lassen. Dennoch wäre es falsch, die sich hier abzeichnende identitätsstiftende Abgrenzung zur „Konsumwelt der Etablierten" generell für unglaubwürdig oder zunächst bedeutungslos zu halten. Schon die Shell-Studie von 1980* konnte nachweisen, daß der Anteil derjenigen, die gerade noch soviel arbeiten und verdienen möchten, daß es zum Lebensunterhalt reicht, in den 70er Jahren beträchtlich gestiegen sei.

Die motivationale Basis für die Neigung zur Einfachheit und Konsumabkehr, die unsere Daten erkennen lassen, ist somit durchaus real. Objektive Lebenslagen spielen dabei im übrigen eine bedeutende Rolle. So tut es zwar „nur" einem Drittel aller Befragten „weh", wenn es ans Geldausgeben geht, aber 53 % aller Jugendlichen, die zum Zeitpunkt der Befragung arbeitslos waren. Und weitaus mehr Arbeitslose und Wehrdienst- bzw. Zivildienstleistende wollen den „Konsumterror" nicht mitmachen und versuchen „einfach zu leben" (68 % bzw. 71 % gegenüber 53 % beim Durchschnitt).

Ein anderer Hinweis auf veränderte Einstellungen zu den materiellen Gütern ist die Bewertung von Wohneigentum und Vermögen. Lediglich eine Minderheit von 43 % bzw. 39 % aller Befragten sieht darin erstrebenswerte Ziele. Wie Tabelle 3 im Anhang zeigt, gibt es zwischen den Geschlechtern und Altersgruppen bei dieser Einschätzung im übrigen keine allzu gravierenden Unterschiede. Postmaterielle Einstellungen, vor allem aber hedonistische Konsummotive lassen den Glanz dieser „klassischen" Ziele bürgerlichen Erwerbsstrebens für viele junge Leute verblassen. Allerdings spielen auch hier „objektive" Bedingungen eine Rolle. Von den Befragten, die in einem Haushalt mit einem monatlichen Haushaltsnettoeinkommen unter 1.500 Mark wohnen, hält nur rund ein Drittel Vermögen und Wohneigentum für wichtig, in der höchsten Einkommensgruppe (über 4.500 Mark monatlich) ist es fast die Hälfte (vgl. Tabelle 4 im Anhang).

Versucht man aus diesen Befunden ein Fazit zu ziehen, so liegt der Schluß nahe, daß Zivilisationskritik und Konsumfeindlichkeit bei einem großen Teil der jungen Leute wohl eher zu neuen Formen des Konsums führen werden als zu genereller Konsumabwehr. Daß die Jugendlichen und jungen Erwachsenen in der Bundesrepublik in der Lage sind, sich veränderten Rahmenbedingungen anzupassen, zeigt ihre insgesamt nüchterne Einstellung zum Geld ebenso wie ihre Bereitschaft, Konsumziele, die der Gesellschaft bisher als „heilig" galten, an der Kraft des eigenen Geldbeutels zu messen.

* Vgl. Jugendwerk der Deutschen Shell (Hg.): Die Einstellung der jungen Generation zur Arbeitswelt und Wirtschaftsordnung 1979, Hamburg 1980

III. Jugend und Erwachsenenwelt

Im folgenden Kapitel werden wir vier zentrale Aspekte des Verhältnisses junger Menschen zur Erwachsenenwelt thematisieren: Zunächst diskutieren wir die Beziehungen und Bindungen der Jugendlichen und jungen Erwachsenen zu ihrer Herkunftsfamilie und gehen besonders auf die Frage ein, ob der in der Literatur immer wieder hervorgehobene „Funktionsverlust" der Familie in der modernen Gesellschaft das Verhältnis der Heranwachsenden zu ihren Eltern beeinträchtigt.

Der zweite Aspekt, den wir diskutieren, betrifft nicht die Familie, sondern die Erwachsenenwelt generell. Da die Erwachsenen durch sanktionierendes, kontrollierendes und modellierendes Verhalten auf die Jugendlichen spürbar einwirken, ist die Auseinandersetzung mit dieser Welt von großer subjektiver Bedeutung.

Abweichend von traditionellen Differenzierungsansätzen der Jugendforschung, haben wir mit Hilfe eines clusteranalytischen Verfahrens verschiedene Grundorientierungen abgegrenzt, also Jugendliche zu Gruppen zusammengefaßt, die sich durch jeweils übereinstimmende Einstellungsmuster auszeichnen. Die von uns vorgeschlagene Typologie beschreibt drei deutlich unterscheidbare Orientierungen bei den 15- bis 25jährigen (der von uns in diesem Zusammenhang analysierten Teilgruppe): Wir charakterisieren einen „konventionell-erwachsenenorientierten", einen „autonom-jugendorientierten" und einen „strategisch-erwachsenenorientierten" Einstellungstyp, analysieren mit Hilfe von soziodemografischen Merkmalen die soziale Lage der Typen und diskutieren Konsequenzen im Hinblick auf einige soziale und politische Handlungsdispositionen.

Zum Abschluß des Kapitels wird diese neue Typologie genutzt, um die Erfahrungen Jugendlicher mit der Institution Schule vor dem Hintergrund solcher unterschiedlichen Grundorientierungen zu diskutieren.

1. Gute Noten für die Eltern

Der Familie werden oft Funktionen wie die des emotionalen Spannungsausgleichs, der individuellen Selbstdarstellung, des leistungsunabhängigen spezifischen Bezugs ihrer Mitglieder aufeinander zugesprochen. Die außerfamiliäre Welt dagegen ist relativ einseitig nur an spezifischen Leistungen einer Person interessiert, sanktioniert durch Belohnung und Bestrafung in der Regel ohne Ansehen der Person und ist meist ein Bereich scharf ausgetragener Konkurrenzbeziehungen. Die fehlende strukturelle Gleichheit von Familie – als besondere Form der „Gemeinschaft" – und Gesellschaft, ist ein Resultat des gesellschaftlichen Wandels von der agrarischen zur heutigen komplexen industriellen bzw. nachindustriellen Dienstleistungsgesellschaft. Gerade die generellen Strukturunterschiede zwischen Familie und Gesellschaft machen es erforderlich, daß sich Jugendliche von den Eltern ablösen – ein Prozeß, der sich nur selten abrupt, sondern in der Regel in vielen kleinen Schritten vollzieht.

Die in der Jugendforschung zur Verfügung stehenden Daten und theoretischen Konzepte weisen darauf hin, daß Eltern-Kind-Beziehungen während der Adoleszenzphase konfliktreicher sind als vorher oder nachher. In unserer Kultur wird relativ früh ein großes Maß an Autonomie erreicht, während der soziale Status des Erwachsenen durch den Erwerb der zentralen Berufs- und Elternrolle erst relativ spät erreicht wird.

Durch seine autonomistischen Bestrebungen etabliert sich der Heranwachsende als selbständige Person, die unabhängig von den Eltern nach eigenen Zielen strebt und willens ist, die Verantwortung für sich und die eigenen Angelegenheiten zu übernehmen. Jugendliche sehen sich aber einer Diskrepanz zwischen Erwartungen und Forderungen, die an sie gestellt werden und den entsprechenden Erwachsenen-Privilegien, die ihnen vorenthalten werden, gegenüber – eine Diskrepanz, die im Elternhaus viel stärker zur Wirkung kommt als in den Kontakten mit Gleichaltrigen.

Es ist für Jugendliche äußerst schwierig, sich als selbständige Personen zu begreifen, solange sie von den Eltern keine wirtschaftliche Unabhängigkeit erreicht haben. Angesichts der verlängerten sozio-ökonomischen Abhängigkeit vieler Jugendlicher von ihren Eltern wurde immer wieder behauptet, manifeste Konflikte und ein „zweites Trotzalter" seien vorprogrammiert.

Gegen das Bild, das die Massenmedien vorzeichnen und das durch individuelle Beobachtungen scheinbar bestätigt wird, kommt die empirische Erziehungs- und Sozialforschung allerdings zu anderen Einsichten: Obwohl in Einzelfällen der Ablösungsprozeß der Kinder von den Eltern einen dramatischen Verlauf nehmen kann, ist die große Mehrzahl der Familienbeziehungen von Heranwachsenden „weder durch überbordenden Konflikt gekennzeichnet, noch durch willenlose Unterordnung" unter die elterliche Autorität*.

Unsere Daten legen insofern eine diffenzierende Sicht nahe, als einerseits — etwa beim Freizeitverhalten oder auf der normativen Ebene direkter elterlicher Kontrollen über den Jugendlichen — relativ früh Ablösungstendenzen zu verzeichnen sind, andererseits die emotionale Ebene gefühlsmäßiger Bindung und Solidarität als relativ unangreifbare Vertrauensbeziehung erhalten bleibt.

Aus unseren Daten geht deutlich hervor, welch große Rolle die Mütter als Vertrauenspersonen für ihre Kinder spielen: Nach dem Freund oder der Freundin (den „Peers") sind sie mit Abstand die wichtigsten Gesprächspartner, wenn Jugendliche Probleme haben und sich aussprechen wollen (vgl. Tabelle 5 im Anhang).

Die Bedeutung des Freundeskreises ist insgesamt noch größer, schwächt sich aber mit zunehmendem Alter etwas ab, wenn die Partnerbeziehungen wichtiger werden. Aber der Freundeskreis bleibt auch bei einem großen Teil der jungen Erwachsenen ein „psychosoziales Netzwerk", das gerade in Problemsituationen einen hohen Stellenwert hat. Bei Frauen setzt die Orientierung an einem festen Partner etwa zwei bis drei Jahre früher ein als bei Männern; zwischen dem 22. bis 25. Lebensjahr werden die Freunde und die Mutter als bis dahin wichtigste Bezugsperson durch den Partner ersetzt. Bei Männern werden die „Peers" in ihrer Bedeutung als zentrale Gesprächspartner erst ab dem 26. bis 30. Lebensjahr durch den Partner abgelöst.

Geht man davon aus, daß die Eltern meist reges Interesse an der Freundeswahl ihrer Kinder haben und auch Einfluß darauf ausüben, können die „Peer-Kontakte" nicht einfach als konfliktträchtiger Ge-

* Vgl. Allerbeck, K. R./Rosenmayr, L. (Hg.): Einführung in die Jugendsoziologie, Heidelberg 1976

gensatz zu den Einflüssen des Elternhauses gesehen werden. Es ist in der Peer-group-Forschung noch nicht hinreichend geklärt, ob eine starke Identifizierung mit den „Peers" zu bleibenden Formen einer autonomen Persönlichkeit hinleitet oder aber, ob durch die Verinnerlichung eines oft latent vorhandenen „Peer-Konformismus" Tendenzen zu einem generalisierten sozialen Konformismus wachgerufen werden. Es fehlen Langzeitstudien zu dieser interessanten Thematik.

Es herrscht allgemein aber die Auffassung vor, daß die Sozialisation im Freundeskreis und in der Clique für das Erlernen effektiver interpersonaler Beziehungen notwendig ist. Manche der Systemtheorie nahestehenden Autoren nehmen sogar an, daß die symmetrischen, auf Gleichheit beruhenden Austauschbeziehungen in Peer-groups eine ideale Möglichkeit zur Einübung der auf universalistischen Prinzipien gegründeten Staatsbürgerrolle in demokratischen Gesellschaften darstellt.

Die Mutter ist für Jungen und Mädchen in der Adoleszenz die wichtigste Vertrauensperson; erst weit nach der Volljährigkeit (mit etwa 21 Jahren) sind es weniger als die Hälfte der Befragten, die die Mutter als wichtigsten Gesprächspartner nennen. Die Mutter ist erheblich häufiger Vertrauensperson als der Vater und zwar bei Jungen wie bei Mädchen. Das dürfte auf die allgemein größere Kontakthäufigkeit und Kontaktintensität, die Mütter mit ihren Kindern haben, zurückzuführen sein. Allerdings korreliert die Vertrauensposition der Mutter nicht mit deren Berufstätigkeit. Auch berufstätige Mütter sind häufiger Vertrauenspersonen als die Väter.

Nach dem Verlust des Partners, etwa durch Scheidung oder Trennung, reaktivieren Betroffene meist nicht die emotionalen Bindungen zur Mutter oder zum Vater, sondern suchen Trost und Anlehnung in ihrem Freundeskreis. Dies ist bei Frauen wesentlich häufiger der Fall, wohingegen junge Männer sich eher wieder auf das Elternhaus oder auf einen neuen Partner beziehen. Frauen scheinen nach dem Scheitern von Partnerbeziehungen unabhängiger und selbständiger leben zu wollen als die an das Versorgtwerden gewöhnten Männer.

Großeltern oder andere Verwandte, aber auch Personen, die zu den Heranwachsenden in einem pädagogischen Verhältnis stehen, wie Lehrer, Jugendleiter, Lehrherren und Pfarrer, werden nur von wenigen jungen Menschen bei Problemen ins Vertrauen gezogen.

Auf der Grundlage einer repräsentativen Jugendstudie für die Bundesrepublik Anfang der sechziger Jahre kam L. von Friedeburg* zu dem Schluß, daß das Verhältnis der heranwachsenden Kinder zu den Eltern immer weniger durch Subordination als vielmehr durch Kollegialität bestimmt sei. Auch wenn wir in unserer Untersuchung keine „durchweg positive Einstellung der Jugendlichen zu Institutionen der modernen Familie im allgemeinen wie zum eigenen Elternhaus im besonderen" (v. Friedeburg) fanden, ist unverkennbar, daß das Urteil, das Jugendliche über ihre Eltern abgeben, vorwiegend positiv ist. Obwohl der überwiegende Teil der Jugendlichen eine autonome „Welt der Jugendlichen" — mit eigenen Werten, Normen, Lebensstilen — gegeben sieht, suchen die meisten doch nicht den Konflikt, sondern die Verständigung und den Ausgleich mit den Eltern (vgl. Tabelle 6 im Anhang).

Auch in Zeiten der persönlichen Krise, wie sie beispielsweise eine lang andauernde Arbeitslosigkeit hervorruft, oder wie sie nach einer Scheidung eintreten kann, erweist sich die Beziehung zu den Eltern als belastungsfähig. Das gilt auch für jene Teilgruppen der Jugendlichen und jungen Erwachsenen, bei denen man wegen starker Autonomiebestrebungen Konflikte mit den Eltern im normativen Bereich erwarten könnte (zum Beispiel bei den Anhängern alternativer gesellschaftlicher Strömungen): Das Verhältnis zu den Eltern wird zwar nicht ungetrübt, aber überwiegend positiv erlebt.

Selbst bei Jugendlichen, die die Welt der Erwachsenen in krassem Gegensatz zu ihrer eigenen Welt sehen, ist das Verhältnis zu den Eltern oft durch Dankbarkeit geprägt, und man versucht, die Eltern zu verstehen.

2. *Autonomiestreben und Kritik an den Erwachsenen*

Die Verlängerung der Schulpflicht, der generelle Ausbau des Bildungswesens und die größere Verfügbarkeit weiterführender Bildungsangebote führte für viele Jugendliche dazu, daß der zeitliche Umfang des Kontakts mit Gleichaltrigen ausgedehnt wurde. Wurden im vorhergehenden Abschnitt starke Bindungen an Mitglieder

---

* L. von Friedeburg (Hg.): Jugend in der modernen Gesellschaft, Köln 1967[4]

der Herkunftsfamilie (besonders die Mütter) sichtbar, zeigt sich, daß im Freizeitbereich die Ablösung der Jugendlichen vom Elternhaus sehr früh einsetzt. Im Freizeitbereich werden früher die Einflüsse der Peers und etwas später die Bindung an einen Partner sichtbar.

Tabelle 7 im Anhang zeigt, daß Mädchen und junge Frauen auch in ihrem Freizeitverhalten etwas früher auf einen Partner bezogen sind, während die bei 15- bis 21jährigen männlichen Jugendlichen noch stark ausgeprägte Peer- und Cliquenorientierung erst allmählich in eine Partner-Orientierung mündet. Die Eltern spielen als Freizeitpartner bei nur wenigen 15- bis 30jährigen eine wichtige Rolle.

Der eigenbrötlerische Einzelgänger ist im Freizeitbereich eine zwar existierende, aber dennoch äußerst seltene Spezies. Jugendliche mit Geschwistern zeigen sich in der Regel etwas geselliger als Einzelkinder. Sie verbringen ihre Freizeit häufiger mit Freunden, sind noch seltener allein.

Junge Leute, die in Wohngemeinschaften leben, bewahren sich in ihrer Freizeit einen jugendorientierten Stil, denn viel Zeit wird mit den Freunden verbracht. Einzelne (feste) Partner beeinflussen die Gestaltung der Freizeit in dieser Gruppe sehr viel weniger als in den Vergleichsgruppen.

Es hieße den Einfluß der Peers bzw. der Jugendkultur insgesamt zu unterschätzen, ginge man davon aus, daß lediglich unverbindliche Gesellungsaktivitäten und Zerstreuungen bei den Freunden gesucht werden. Peer-Beziehungen und jugendliche Bezugsgruppen prägen handlungsleitende Normen für die Jugendlichen. Gemeinsame Symbole wie ein bevorzugter Kleidungs- und Haarstil, die Sprache oder die Musik sind lediglich äußere Merkmale dieses Sozialisationsprozesses. Jugend-kulturelle Gruppen und Freundeskreise können nicht nur ästhetische Standards und subkulturelle Wahrnehmungswelten prägen, sie können sich auch zum Garanten von Sinn in einer wenig Orientierung bietenden sozialen Umwelt entwickeln. Unter bestimmten Umständen geraten die Orientierungsangebote Erwachsener zu denen eigenständiger jugendlicher Teilkulturen in Konkurrenz.

Wir haben bereits betont, daß die emotionale Bindung an die Eltern und das Bemühen um gegenseitiges Verständnis auch jungen Menschen mit ausgeprägten alternativen Orientierungen ein wichtiges Anliegen ist. Dieser Befund sollte allerdings nicht dazu führen, das Bild einer harmonischen, konfliktfreien Gesellschaft zu zeichnen: Wenn drei

Viertel der jungen Menschen, die alternative Lebensformen praktizieren, glauben, Erwachsene verstünden die Probleme der Jugendlichen kaum, von Gleichaltrigen könne man mehr lernen als von den Eltern, die Gesellschaft tue nicht genug für Jugendliche, so sind dies Indikatoren für ein ausgeprägtes Autonomiestreben, aber auch für eine spürbare Distanz zur Welt der Erwachsenen (vgl. Tabelle 8 im Anhang). Bedenkt man, daß 10 % der Befragten zwischen 15 und 30 Jahren selbst alternative Lebensformen praktizieren und 48 % der Befragten mit der Alternativbewegung sympathisieren, werden erhebliche Kritikpotentiale sichtbar. Dies gilt um so mehr, wenn man in Betracht zieht, daß selbst unter jenen jungen Menschen, die der Alternativbewegung ablehnend (7 %) oder verständnislos (16 %) gegenüberstehen, über ein Viertel die Meinung vertritt, daß die Gesellschaft für die Jugend zu wenig tue, über die Hälfte dieser eher konventionell denkenden Jugendlichen verbreitete Feindseligkeit gegenüber der Jugend sieht und ein knappes Drittel den Erwachsenen (nicht den Eltern!) wenig Verständnis für ihre Probleme unterstellt.

Die angesprochenen Haltungen differieren zwischen den Geschlechtern nur wenig, allerdings sind bildungsspezifische Einflüsse erkennbar. Je höher die Bildung der Befragten, desto ausgeprägter sind die Autonomieansprüche, und desto kritischer wird die Gesellschaft in ihrem Verhältnis zur heranwachsenden Generation beurteilt. Umgekehrt fühlen sich die Befragten mit geringerer Formalbildung von den Erwachsenen weniger verstanden und dementsprechend sehen sie wesentlich häufiger eine geteilte Welt der Jugendlichen und Erwachsenen als gegeben an. Es werden Ansätze eines dichotomen Weltbildes (bezogen auf die Generationenfolge) erkennbar – eine Vorstellung, die bei Befragten mit höherer Bildung eher selten auftritt (vgl. Tabelle 9 im Anhang).

3. Drei Orientierungstypen

Wir haben darauf hingewiesen, daß die befragten Jugendlichen kein durchgängig feindseliges Bild von der Welt der Erwachsenen entwerfen. Wir glauben, daß Erwachsene für Heranwachsene nicht nur Objekte des Neides, sondern auch der Bewunderung darstellen, und daß Heranwachsende Eigenschaften und Privilegien der Erwachsenen auch für sich selbst anstreben und darunter leiden, wenn sie ihre Autonomiebestrebungen nicht im gewünschten Maß realisieren können.

Die Selbst- und Fremdbilder der Jugendlichen gründen in alltäglichen Handlungserfahrungen, sind aber auch durch allgemeine Leitbilder überformt, die in früheren Sozialisationsphasen verinnerlicht wurden und nun situationsübergreifend wirken. Gegenwärtige Orientierungen werden durch reflexive Aufarbeitung von Erfahrungen mit den Erwachsenen geprägt.

In früheren sozialwissenschaftlichen Studien wurden meist dichotome Orientierungstypen gegenüber der Welt der Erwachsenen gesucht und eher „erwachsenenzentrierte" von „jugendzentrierten" Heranwachsenden unterschieden.* Größere Teilgruppen unter den Jugendlichen, die sich dem „erwachsenenzentrierten" bzw. dem „jugendzentrierten" Pol der Einstellungsskala nicht zuordnen ließen, wurden entweder vernachlässigt oder in ihrer Ambivalenz der Einstellungen nicht ernstgenommen (jedenfalls nicht „auf den Begriff gebracht").

Mit Hilfe der Clusteranalyse** fanden wir drei deutlich unterscheidba-

---

* Vgl. zum Beispiel Jugendwerk der Deutschen Shell (Hg.): Jugend '81, Hamburg 1981

** Um die Einstellungen der 15- bis 25jährigen Jugendlichen zu ihren Eltern und zur Welt der Erwachsenen zu messen, haben wir ihnen 13 entsprechende Statements zur Beurteilung vorgelegt. Die Jugendlichen konnten anhand einer vierstufigen Skala jeweils zum Ausdruck bringen, wie stark sie einem Statement (einer Meinung) zustimmen bzw. wie entschieden sie ein Statement ablehnen.

Das statistische Modell der „Cluster-Analyse" bietet nun die Möglichkeit, alle Befragten, die ein ähnliches Antwortprofil über alle Statements hinweg aufweisen, zu Gruppen („Clusters") zusammenzufassen. Das von uns gewählte Rechenprogramm enthält ein Optimierungskriterium, das genau die Zahl von Gruppen bzw. Typen ausweist, bei denen sich ein Maximum an Homogenität innerhalb der Gruppen mit der größtmöglichen Distanz zwischen den Gruppen verbindet.

Auf diese Weise wurden also Jugendliche, die hinsichtlich wichtiger Aspekte des Zusammenlebens der Generationen „ähnlich" denken, zu überschaubaren Gruppen zusammengefaßt. Außerdem konnte auch die quantitative Bedeutung bestimmter Einstellungsmuster, das heißt die relative Häufigkeit, mit denen die einzelnen Typen in der Grundgesamtheit vertreten sind, bestimmt werden.

Ein 3-Typen-Modell erwies sich als die methodisch und inhaltlich angemessenste Lösung. Die Typenbenennungen wurden anhand der sich herauskristallisierenden unterschiedlichen Einstellungstendenzen vorgenommen.

re Orientierungstypen, die sich zur Welt der Erwachsenen in charakteristischer Weise äußern, und konnten

— einen „konventionell-erwachsenenorientierten" Typ,
— einen „autonom-jugendorientierten" Typ und
— einen „strategisch-erwachsenenorientierten" Typ

abgrenzen. Ausgangspunkt für diese Typologie-Rechnung war eine Batterie von Statements (Aussagen zum Verhältnis Jugend – Erwachsenenwelt), die der in früheren Studien eingesetzten „Jugendzentrismusskala" inhaltlich sehr nahe kommt.

Die Tabelle auf der folgenden Seite gibt einen Überblick über die verwendeten Statements und zeigt die charakteristischen Typenprofile. Die Plus- bzw. Minuszeichen stehen für signifikant höhere bzw. signifikant geringere Statement-Zustimmung des jeweiligen Typs im Vergleich zur Gesamtheit aller 15- bis 25jährigen.*

Typ 1: Der „Konventionell-Erwachsenenorientierte"

37 % der 15- bis 25jährigen gehören zu diesem Typ. Jugendliche mit dieser Einstellung orientierten sich an den Rollenerwartungen und Normen der Erwachsenen. Sie haben das Bedürfnis, sich den Älteren anzuvertrauen und sehen genug Möglichkeiten, sich mit den Erwachsenen zu arrangieren. Sie sehen keine unüberwindbare Kluft zwischen den Generationen und glauben nicht, daß das Verhältnis der meisten Erwachsenen zur Jugend von Feindseligkeit geprägt sei.

Bezugsgruppe für das tägliche Leben sind also die Erwachsenen, die die Gesellschaft, so wie sie ist, verkörpern – und nicht die Peer-group. Insoweit diese Jugendlichen keinen scharfen Gegensatz zwischen ihrer eigenen und der Welt der Erwachsenen sehen, erleben sie ihre eigene Position auch nicht als am Rande der Gesellschaft – das wäre typisch für eine jugendzentristische Einstellung.

Weder eine Tendenz zu (lustbesetzter) Unterordnung, noch eine latente Feindseligkeit gegenüber den „andersdenkenden" Erwachsenen prägen das Bild dieses Typs, sondern Anpassung und milde Kritik an nicht-jugendgemäßen Verhältnissen, verbunden mit dem Wunsch nach Kontinuität des Bestehenden.

---

* Mathematisch ausgedrückt: Ein + bzw. ein – markiert eine Abweichung vom Gesamtmittel in der Größenordnung einer halben Standardabweichung.

Aussagen zum Verhältnis Jugend – Erwachsenenwelt	TYP 1 Konventionell Erwachsenenorientierte 37 %	TYP 2 Strategisch Erwachsenenorientierte 34 %	RYP 3 Autonom Jugendorientierte 29 %
Jugendliche sollten ihre Berufswahl selbst treffen und sich nicht von ihren Eltern hineinreden lassen			
Die wenigsten Erwachsenen verstehen die Probleme von Jugendlichen wirklich	–	+	
Wer in seiner Jugend zuviel Freiheit hat, bekommt später leicht Schwierigkeiten		++	– –
Von gleichaltrigen Freunden/ Freundinnen lernt und erfährt man mehr als von seinen Eltern	–		
In dieser Gesellschaft trifft man überall auf Feindseligkeiten gegenüber der Jugend	–		
Was junge Leute außerhalb des Elternhauses tun, ist ihre eigene Sache	–		+
Wenn es um die Probleme der Berufsausbildung geht, sollte man sich schon etwas nach der Meinung der Eltern, Lehrer und Ausbilder richten, weil die ja viel Erfahrung haben			–
Politische Probleme kann man am besten mit Freunden diskutieren, nicht in der Familie	–		
Unsere Gesellschaft tut eigentlich eine ganze Menge für die Jugendlichen			–
Jugendliche und Erwachsene, das sind zwei total verschiedene Welten	–	+	
Man sollte sich bemühen, seine Eltern zu verstehen, auch wenn es manchmal schwer ist			
Eigentlich verdanke ich meinen Eltern sehr viel			–

Basis: 1.460 junge Frauen und Männer im Alter von 15–25 Jahren

Jugendliche mit einer „konventionell-erwachsenenorientierten" Haltung sind wenig spontan in ihren Kaufentscheidungen und halten ihr Geld zusammen. Die häufig geregelte Lebensweise und das kalkulierend-planende Verhalten bewirken, daß man sich äußerst selten verschuldet und sich deshalb meist auch finanziell gesicherter fühlt als andere Jugendliche.

Dieser Typ weist meist eine konventionell-materielle Arbeitsorientierung auf. Bei den meisten ist eine konventionelle — im Vergleich zu Typ 2 aber wesentlich aktivere — Politikorientierung erkennbar. Das politische Interesse ist stark ausgeprägt und relativ verbreitet. Das auffallendste Kennzeichen dieses Typs ist eine häufig sehr positive Beziehung und ein enger Kontakt zu den Eltern.

Nach unseren Daten sind es eher Jugendliche mit höherer Bildung, die eher in dörflichen oder kleinstädtischen Gemeinden leben, Kinder von Angestellten und Selbständigen sowie ältere Jugendliche, die eine „konventionell-erwachsenenorientierte" Haltung zeigen.

Typ 2: Der „Strategisch-Erwachsenenorientierte"

Diesem Orientierungstyp lassen sich 34 % der 15- bis 25jährigen zurechnen. Diese Jugendlichen sehen eine klare Trennung zwischen der Welt der Erwachsenen und der Welt der Jugendlichen und glauben, daß die wenigsten Erwachsenen die Probleme der Jugendlichen wirklich verstehen. Die innere Distanz zur Erwachsenenwelt wird vor allem in einer kritischen Einschätzung der gesellschaftlichen Aktivitäten im Jugendbereich deutlich.

Ihre Bezugsgruppe sind die Peers. Von den Gleichaltrigen glauben sie vor allem im Freizeitbereich viel erfahren, viel mit ihnen erleben zu können. Das hier erkennbare Autonomiestreben findet allerdings seine Grenze in der verbreiteten Sorge, zuviel Freiheit in der Jugendzeit könne später zu Problemen und Schwierigkeiten führen.

Diese Grundüberzeugung hindert viele Jugendliche dieses Typs, die innere Distanz zur Erwachsenenwelt offen sichtbar zum Ausdruck zu bringen. Obwohl sich die „Strategisch-Erwachsenenorientierten" von Erwachsenen nicht hinreichend verstanden fühlen, lassen sie sich von ihnen Ratschläge geben und sind an der Meinung Erwachsener generell interessiert.

Dieser Orientierungstyp kommt den von Hornstein beschriebenen „gesellschaftlich integrierten" Jugendlichen sehr nahe*, die, interessiert an ihrem Fortkommen, strategisch berechnend mit den Institutionen und den Anforderungen der Erwachsenenwelt umgehen. Sie vermeiden es, durch konträre Meinungen und offen abweichendes Verhalten anzuecken, halten aber zugleich innere Distanz. Jugendliche mit dieser Grundorientierung passen sich ohne großes Engagement den schulischen und beruflichen Anforderungen an, um sich dann in ihrer Freizeit zusammen mit Gleichgesinnten in der „Welt der Jugend" zu verwirklichen.

Sie sind stark konsumorientiert, wenngleich Geldausgaben nicht mit jener Spontaneität getätigt werden wie das für den „autonom-jugendorientierten" Jugendlichen typisch ist. Die „Strategisch-Erwachsenenorientierten" haben häufig den Wunsch nach gesicherten finanziellen Verhältnissen, streben nach einem sicheren Arbeitsplatz und nach Wohneigentum. Bei den Ansprüchen, die sie an den Beruf stellen, zeigt sich eindrucksvoll die ausgeprägte Erfolgsorientierung. Ein gutes Einkommen zu erzielen, beruflich weiterzukommen und aufzusteigen, ein gutes Verhältnis zu Vorgesetzten zu haben, werden als erstrebenswerte Ziele formuliert und sehr ernstgenommen.

Demokratische Wahlen halten Jugendliche dieses Typs zwar für ein wirkungsvolles Mittel, um auf die Gesellschaft einzuwirken, halten sich aber, was ihr konkretes politisches Engagement betrifft (z. B. Mitarbeiten in einer Partei) sehr viel mehr zurück als die anderen beiden Orientierungstypen. Prinzipiell ist das politische Interesse bei diesem Typ am wenigsten stark entwickelt.

Die Jugendphase hat sehr deutlich den Charakter des Übergangs; vor allem anderen gilt es als erstrebenswert, den marginalen Status des Jugendlichen zu verlassen und die privilegierten Erwachsenenrollen auszufüllen. Eine postadoleszente Verlängerung der Jugendphase mit dem Ziel, länger in jugendspezifischer Autonomie leben zu können, erscheint wegen der damit verbundenen materiellen Restriktionen als kaum attraktiv.

Die skizzierte „strategisch-erwachsenenorientierte" Haltung findet sich am häufigsten bei Befragten mit Hauptschulabschluß, bei Jugendlichen, die in Berufsausbildung stehen, bei Arbeitern bzw. Jugendlichen, die aus Arbeiterhaushalten kommen.

---

* Vgl. Hornstein, W.: Zur sozialen Lage der Jugend 1980, in: Gautinger Protokolle 12, Gauting 1980

Typ 3: Der „Autonom-Jugendorientierte"

Ein knappes Drittel der 15- bis 25jährigen hat eine „autonom-jugendorientierte" Grundeinstellung. Diese Jugendlichen identifizieren sich stark mit der Gruppe der Gleichaltrigen. Die Normen und Verhaltenserwartungen des Freundeskreises bzw. der „Peer-Kultur" insgesamt sind subjektiv bedeutsamer als die Normen und Verhaltenserwartungen der Erwachsenen. Man verwehrt sich gegen die Einmischung in die eigenen Angelegenheiten und möchte seine persönliche Freiheit nicht wie auch immer gearteten institutionellen Erfordernissen unterordnen.

„Jugendzentrisch" ist diese Orientierung dann zu nennen, wenn sie auf einer relativ starren und verallgemeinernden Unterscheidung zwischen Eigen- und Fremdgruppen beharrt, verbunden mit negativen Vorstellungen über diese Fremdgruppen. Die Vertreter dieses Typs stehen der Gesellschaft generell distanzierter gegenüber als die Vergleichsgruppen. Auch die emotionale Bindung an die Eltern ist schwächer ausgeprägt als bei den anderen Orientierungstypen.

Die Abgrenzung von den Erwachsenen und die Betonung der Eigenständigkeit als Jugendlicher bzw. als Angehöriger der Jugendkultur beeinflußt das alltägliche Verhalten in der Freizeit, in der Schule, im Beruf, wo man sich nicht von der eigenen Familie oder von anderen Erwachsenen hineinreden lassen möchte.

Häufiger als bei den anderen Orientierungstypen sind Freunde und Bekannte die wichtigsten Freizeitpartner, werden spezielle Freizeiteinrichtungen für Jugendliche (vor allem Jugendzentren) gefordert. Das Konsumverhalten dieser Jugendlichen ist meist sehr spontan, verrät deutlich einen hedonistischen Grundzug. Entsprechend fühlen sich die meisten von ihnen finanziell nicht gesichert. Allerdings spielt das Sicherheitsdenken bei diesen Jugendlichen kaum eine Rolle — auch das Streben nach materiellem Besitz ist wenig ausgeprägt.

Für viele dieser Jugendlichen steht die Arbeit nicht mehr im Zentrum des Lebens. Sie arbeiten nur, um ihre Freizeitbedürfnisse finanzieren zu können. Bei einem anderen Teil ist eine interessengeleitet-engagierte Arbeitsorientierung erkennbar: Arbeit erscheint dann ideal, wenn sie einen gesellschaftlichen Bezug hat, wenn sie die Chance bietet, eigene Vorstellungen verwirklichen zu können.

Politisches Engagement wird von vielen Angehörigen dieses Typs großgeschrieben. Alternative Formen der politischen Teilnahme finden hier den stärksten Anklang. Ein Drittel dieser Jugendlichen gibt an, selbst alternative Lebensformen zu praktizieren. Bei Typ 1 und bei Typ 2 sind es jeweils nur wenig mehr als ein Zehntel.

Weil die Jugendkultur Freiräume bietet, die in den Institutionen der Erwachsenen so nicht existieren, erscheint diesem Typ ein schneller Übergang in die Erwachsenenwelt nicht besonders attraktiv. Gerade für diese Jugendlichen gewinnt daher ein „postadoleszentes" Lebensstadium* zunehmend an Bedeutung.

Eine „autonom-jugendorientierte" Einstellung findet sich gehäuft bei großstädtischen Jugendlichen, bei Schülern und Studenten sowie bei Jugendlichen aus mittelständischen Elternhäusern.

4. Erfahrungen mit der Schule

Die auf die beruflichen Rollen vorbereitende Institution Schule ist seit Jahrzehnten widersprüchlichen Einschätzungen unterworfen: Betont eine schulkritisch argumentierende Position, daß abstrakte und praxisferne schulische Leistungsanforderungen und die vielfach durch Distanz und Fremdheit geprägte Lehrer-Schüler-Beziehung der Entwicklung von Jugendlichen wenig förderlich sei, sieht eine betriebskritische Position die Schule als jenen Ort, der allgemeine Bildung vermittelt, altershomogene Kommunikation der Heranwachsenden fördert und einen handlungsentlasteten Freiraum zur individuellen Selbstformung bietet. Unstrittig scheint in der öffentlichen Diskussion lediglich zu sein, daß die Schule über die Vergabe von Bildungsabschlüssen den Zugang zu spezifischen Berufspositionen regelt (bzw. regeln soll) und darüber hinaus Verhaltensnormen und Gesellschaftsbilder vermittelt, die die Interpretationsmuster von Kindern und Jugendlichen nachhaltig beeinflussen.

Der Widerspruch dieser Perspektiven läßt die Frage interessant erscheinen, wie die Jugendlichen und jungen Erwachsenen selbst – auf der Folie der von uns unterschiedenen Orientierungsmuster – den Besuch von Schulen einschätzen, die als Prototyp gesellschaftlicher

* Vgl. SINUS: Die verunsicherte Generation – Jugend und Wertewandel, Opladen 1983

Organisation gelten, die auf den Erwerb des Lebensunterhalts im ökonomischen System und auf einen Beitrag zur gesellschaftlichen Produktion vorbereiten.

Wie nicht anders zu erwarten, sind die „Autonom-Jugendorientierten" mit dem allgemeinbildenden Schulwesen und auch mit dem beruflichen Bildungswesen am wenigsten zufrieden (vgl. Tabelle 10 und Tabelle 11 im Anhang).

Alle sind sich einig, wenn es um die Kritikpunkte Lehrermangel, zu große Klassen und Schulstreß geht. Über einen starken Leistungsdruck klagen besonders die „Autonom-Jugendorientierten", fast doppelt so häufig wie „konventionell-erwachsenenorientierte" Jugendliche. Dazu korrespondierend findet man bei den „Autonom-Jugendorientierten" am wenigsten Kritik über den häufigen Unterrichtsausfall.

Realitätsferner und uninteressanter Unterricht, mangelnde Mitsprache und die Benotungspraxis der Lehrer wird sowohl von den „Autonom-Jugendorientierten" als auch von den „Konventionell-Erwachsenenorientierten" als problematisch empfunden, während die „Strategisch-Erwachsenenorientierten" sich innerlich bereits so stark distanzieren, daß mehr Mitsprache von Schülern kaum mehr ins Blickfeld eigener Interessen rückt. Im Gegenteil, es wird sogar die mangelnde Autorität der Lehrer kritisiert (vgl. Tabelle 10 im Anhang).

Als die mit Abstand wichtigsten Gründe für die Unzufriedenheit mit dem beruflichen Bildungssystem werden die Verknappung der Ausbildungsplätze und die praxisferne Ausbildung genannt. Hierin sind sich die drei Orientierungstypen einig. Speziell die „Autonom-Jugendorientierten" beklagen sich häufig über das Ausbilder-Auszubildenden-Verhältnis und monieren einen zu autoritären Umgangsstil in den Betrieben, der eigene Bedürfnisse und Mitsprachewünsche verschüttet.

IV. Die ungleiche Emanzipation: Rollenwandel und Partnerschaft bei jungen Frauen und Männern

1. Rollenflexibilität und Partnerschaft – gemeinsame Leitbilder der jungen Generation

„Frühjahrsputz und Südseezauber" war der aufschlußreiche Titel einer Studie, die das Bild der Frau in der Fernsehwerbung untersucht hat. Das Ergebnis: Zwei weibliche Leitbilder beherrschen die bundesdeutschen Bildschirme während der „besten" Sendezeit zwischen sieben und acht Uhr abends: das dumme einfache Hausputtelchen, dessen ganzes Sinnen und Trachten auf weiße Wäsche ausgerichtet ist, und die junge schöne Frau, deren Aufgabe es ist, als attraktives Sex-Objekt für Produkte jedwelcher Art zu werben.

Die Hartnäckigkeit, mit der in vielen Teilen der Gesellschaft, auch in der Politik, an den überkommenen weiblichen Rollenklischees festgehalten wird, ist um so erstaunlicher, als die Geschlechtsrollenforschung der letzten Jahre zu völlig anderen Einsichten kommt:

Der Wandel der Geschlechterrollen hat in den vergangenen Jahren zu einigen bemerkenswerten Veränderungen geführt. Die über lange Perioden der soziokulturellen Entwicklung hinweg lebendigen und stabilen Idealbilder des Männlichen und des Weiblichen sind zu kulturellen Klischees geronnen, die – von Frauen wie von Männern – zunehmend zurückgewiesen werden.* Durch Auflösung und Verschmelzung von Rolleninhalten sind nicht nur neue Leitbilder entstanden, so die „neue Flexibilität" bei Frauen, die „neue Empfindsamkeit" bei Männern, sondern es haben sich veränderte Verhaltensformen und Lebensentwürfe etabliert.

---

* Vgl. den Bericht des SINUS-Instituts: Die verunsicherte Generation, Opladen 1983, S. 62ff

Die hier dargestellten und kommentierten Forschungsergebnisse basieren im wesentlichen auf den Daten der Repräsentativbefragung (2.012 Jugendliche und junge Erwachsene im Alter zwischen 15 und 30 Jahren), die wir im Auftrag des Bundesministers für Jugend, Familie und Gesundheit durchgeführt haben. Zusätzlich wurden neuere Befunde aus der SINUS Lebensweltforschung* herangezogen.

So ist das wichtigste Ergebnis mehrerer hundert biografischer Anamnesen, die SINUS 1981 und 1982 im Rahmen des Lebenswelt-Forschungsprogramms mit Frauen aus allen sozialen Schichten durchgeführt hat, die Herausbildung eines neuen Ideals weiblicher Selbstverwirklichung: die *„neue Flexibilität"*.

Wir haben festgestellt, daß sich das traditionelle Rollenmuster der Frau als (Nur-)Hausfrau und Mutter offensichtlich nur bei einer — vorwiegend älteren — Minderheit der Frauen erhalten hat. Im Bewußtsein vor allem der jüngeren Frauen scheint dagegen ein neues Leitbild bereits fest verankert zu sein, das traditionell „weibliche" Rolleninhalte wie Einfühlsamkeit und Zärtlichkeit mit bewunderten „männlichen" Eigenschaften wie Selbstsicherheit, berufliche Kompetenz und Unabhängigkeit verbindet.

Das neue Weiblichkeitsideal, so hat die Analyse ergeben, tendiert nicht dazu, wieder zu einem festgefügten Rollenstereotyp zu gerinnen, sondern es fördert — je nach Situation und Anforderung — eine neue, psychologische Rollenflexibilität. Diese neue Flexibilität zielt darauf, Rollenbilder zu verschmelzen, ohne erneut Gegensätze zu schaffen.

Es gibt viele Hinweise, daß insbesondere jüngere Frauen Rollenflexibilität nicht nur von sich selbst, sondern auch von ihren männlichen Partnern fordern. Wir können dies als die psychologische Innenausstattung der Partner-Norm verstehen. Partnerschaft zwischen Mann und Frau kann heute als unbestrittene und universelle Norm für das Verhalten der Geschlechter zueinander gelten.

Die Repräsentativerhebung konnte die Ergebnisse der qualitativen Analysen in eindrucksvoller Weise bestätigen. Darüber hinaus konnte gezeigt werden, daß flexiblere und partnerschaftsbezogene Leitbilder

---

* Dabei handelt es sich um ein kontinuierliches Forschungsprogramm des SINUS-Instituts zur Beobachtung des gesellschaftlichen Wertewandels sowie zur Früherkennung neuer Trends.

zu allgemeingültigen Geschlechtsrollen-Prinzipien geworden sind, die junge Frauen ebenso wie junge Männer teilen:

Eine den traditionellen Rollenstereotypen entsprechende Bewertung „männlicher" und „weiblicher" Eigenschaften wird nicht mehr vorgenommen. Zwischen 70 und 90 Prozent aller 15- bis 30jährigen halten Aktivität, Zärtlichkeit, Kinderliebe, Selbstsicherheit, sexuelle Treue, Kreativität, die Fähigkeit, Gefühle zu zeigen und Empfindsamkeit gleichermaßen wichtig für Männer und Frauen: Sehnsucht nach Geborgenheit haben wir diese Motivationsstruktur genannt, die Härte und Überlegenheit als erwünschte Eigenschaften von Frau *und* Mann weitgehend ausklammert.

Auch die Tatsache, daß rund zwei Drittel der Stichprobe die Verantwortung für die Empfängnisverhütung nicht mehr ausschließlich den Frauen zuweist und fast die Hälfte aller Befragten für eine partnerschaftliche Aufteilung von Beruf, Haushaltsführung und Kindererziehung plädiert, haben wir als Hinweis auf emanzipatorische Veränderungsprozesse bei der jungen Generation interpretiert.

Allerdings zeigen sich auch Risse und Widersprüche im neuen Rollenmuster: Eine Minderheit vor allem junger Männer folgt den neuen Leitbildern nicht oder nur zögernd.

Noch klaffen Anspruch und Wirklichkeit des Rollenwandels weit auseinander – in Haushalt und Familie, aber ganz besonders im Beruf. Die Ergebnisse unserer Lebensweltforschung legen den Schluß nahe, daß sich im Hinblick auf die gesellschaftliche Praxis des Geschlechtsrollenwandels vor allem bei den jüngeren Frauen in den letzten Jahren Ernüchterung breitmacht. Trotz aller Enttäuschung der betroffenen Frauen wie auch der mit der Problematik vertrauten Experten[*] über eine mehr als unvollkommene emanzipatorische Wirklichkeit, ist die Idee der Emanzipation heute im Bewußtsein der Frauen fast aller sozialen Gruppen nicht nur für die Selbstdefinition, sondern auch für die Beziehung zum Mann prägend.

---

[*] Sachverständigenkommission zur Erstellung des sechsten Jugendberichts Verbesserung der Chancengleichheit von Mädchen in der Bundesrepublik Deutschland, Bericht der Kommission, Dezember 1982.

2. Strukturmuster des Rollenwandels

a) Ergebnisse einer Typologieanalyse junger Frauen

Die Befunde der jüngsten empirischen Forschung zum Geschlechtsrollenwandel zeichnen also das Bild einer Jugend, die den tradierten Klischees der Väter (und Mütter) abgeschworen hat. Die neuen Normen Rollenflexibilität und Partnerschaft führen aber im Bewußtsein der jungen Frauen und Männer nicht zu einer Auflösung der klassischen Zweierbindung, sondern sollen sich in einer harmonischen Verknüpfung von Freiheit, sexueller Treue, Nähe und Geborgenheit verwirklichen.

Dabei zeigte sich ein geringer, aber doch bemerkenswerter Unterschied zwischen den Geschlechtern: entschiedener noch als die jungen Männer wiesen die jungen Frauen vorgeblich geschlechtsspezifische Eigenschaften und Fähigkeiten zurück, übertrafen ihre männlichen Altersgenossen aber auch im Wunsch nach Nähe und Treue. Es war vor allem dieser auf den ersten Blick widersprüchliche Befund, der uns dazu veranlaßt hat, die sozialen und psychischen Strukturen des veränderten weiblichen Rollenbewußtseins genauer herauszuarbeiten.

Um zu verwertbaren Erkenntnissen über motivationale Strukturen, über unterschiedliche Wahrnehmungs- und Einstellungsmuster zu kommen, mußten die vorliegenden Repräsentativdaten neu klassifiziert und verdichtet werden.

Die hinter dem neuen Rollenmuster vermutete Verschiedenartigkeit weiblicher Lebensentwürfe konnte mit Hilfe einer vertieften mathematisch-statistischen Analyse sichtbar gemacht werden. Dazu wurden die von den jungen Frauen zum Themenbereich Ehe und Partnerschaft gegebenen Antworten auf Ähnlichkeitsbeziehungen hin untersucht und klassifiziert.*

---

* Das angewandte statistische Modell ist die Cluster-Analyse, mittels der wir alle Antworten der Teilgruppe junger Frauen zum Themenbereich „Ehe und Partnerschaft" in Gruppen „typischer" (in sich homogener) Antwortmuster aufteilten. Auf diese Weise wurden alle Befragten, die — was ihre Gesamteinstellung zum vorgegebenen Themenkomplex anbelangt — einander relativ ähnlich sind, jeweils zu einem Typ zusammengefaßt.

Auf diese Weise wurden die hinsichtlich der Grundfragen von Ehe und Partnerschaft „ähnlich" denkenden und fühlenden Frauen zu überschaubaren und weitergehender Analyse zugänglichen Gruppen zusammengefaßt. Damit konnte auch die quantitative Bedeutung bestimmter Einstellungsmuster, d. h. die relative Häufigkeit, mit denen die einzelnen Typen in der Grundgesamtheit vertreten sind, bestimmt werden.

Ein 3-Typen-Modell erwies sich als die methodisch und inhaltlich angemessenste Lösung. Die Typenbenennung wurde anhand der sich herauskristallisierenden unterschiedlichen Einstellungstendenzen vorgenommen:

Typen der Einstellung zu Ehe und Partnerschaft

TYP	Anteil an der Grundgesamtheit (junge Frauen zwischen 15 und 30 Jahren)
Die konventionelle Frau	39 %
Die verunsicherte Frau	31 %
Die neue Frau	30 %

Basis: 982 Frauen zwischen 15 und 30 Jahren

Die Tabellen 12 und 13 im Anhang geben im einzelnen Aufschluß über die bei den drei Typen gefundenen Meinungsschwerpunkte.

Eine genauere Betrachtung der Typenstruktur und der sie prägenden Einstellungsmuster zeigt, daß psychisch verankerte Ansprüche an Ehe und Partnerschaft offensichtlich eine ausschlaggebende Rolle spielen.

So ist dem mit 39 % zahlenmäßig stärksten Typus der „konventionellen Frau" psychologisch das „Bindungsmodell" zuzuordnen. Die Frauen dieser Gruppe weisen vor allem Aussagen zurück, die die Auflösung bzw. Lockerung (gleich welcher Art) der Bindung zwischen Mann und Frau thematisieren. Während rund 30 Prozent aller jungen Frauen die Aussage akzeptieren „in einer festen Partnerschaft fühle ich mich zu sehr eingeengt", sind es bei Typ I nur 6 %. Die Mehrheitsmeinung „in einer Partnerschaft sollte jeder seinen eigenen Bekanntenkreis haben", teilen diese jungen Frauen nur zu 33 %.

Dem Anspruch auf möglichst enge Bindung an den Partner entspricht die Wertschätzung für deren überkommene „äußere" Strukturen:

Ehe und Familie. Während jeweils rund die Hälfte der Frauen aus den beiden anderen Typen die Institution Ehe wertmäßig stark relativiert, finden sich nur 10 % des konventionellen Typus dazu bereit. Auch die paritätische Aufteilung von Beruf und Haushaltspflichten zwischen Mann und Frau akzeptieren diese Befragten in weit geringerem Maße als der Durchschnitt aller jungen Frauen: 29 % gegenüber 49 % (vgl. Tabelle 13 im Anhang).

Allerdings: auch die überwältigende Mehrheit der „Konventionellen" plädiert für die „Ehe auf Probe" und weist die alleinige Verantwortung der Frau für die Empfängnisverhütung zurück. Dies unterstreicht noch einmal die universelle Gültigkeit bestimmter emanzipativer Normen für die gesamte Generation junger Frauen.

Gleichsam als „Kontrastprogramm" zu Typ I stellt sich Typ III dar (mit 30 % Anteil an der Grundgesamtheit zahlenmäßig allerdings schwächer vertreten als der konventionelle Typus), den wir wegen seines konsequent frauenemanzipatorischen Lebensentwurfes „die neue Frau" genannt haben. Im Gegenteil zum „Bindungsmodell" der konventionellen Frau können wir hier von einem „Unabhängigkeitsmodell" sprechen, da die psychische Dynamik dieses Typs auf die Erkämpfung von Freiräumen für die Entfaltung der eigenen (weiblichen) Persönlichkeit zielt.

Fast 90 % dieser jungen Frauen plädieren für Freiheit und Ungebundenheit in der Partnerschaft, 70 % wollen die konsequente Arbeitsteilung zwischen Mann und Frau in Haushalt und Beruf, wobei für rund die Hälfte die Ehe dafür nicht unbedingt Voraussetzung sein muß. Anders als die beiden anderen Typen scheut sich die „neue Frau" auch nicht vor Partnerkonflikten und fürchtet sich in der Regel auch nicht davor, daß die Umwelt darauf aufmerksam wird (vgl. Tabelle 13 im Anhang).

Da wegen der in unserer Gesellschaft bisher gültigen Tendenz, eheliche und familiäre Probleme und Konflikte „nach außen" abzuschirmen, gerade viele Frauen für soziale und psychologische Hilfen nicht erreichbar waren, halten wir dies für eine beachtenswerte Komponente des emanzipatorischen Modells.

Ein weiterer wichtiger Befund für die Einschätzung des Lebensentwurfs der „neuen Frau" ist die in der Regel sehr positive Einstellung zu Kindern. Einschlägige gesellschaftliche und politische Vorurteile gegenüber diesem Aspekt der Frauenemanzipation sind damit unhaltbar geworden. 83 Prozent in dieser Gruppe bekennen sich dazu, Kinder haben zu wollen und erreichen damit einen ähnlich hohen Wert wie die Vertreterinnen des konventionellen Typus (vgl. Tabelle 13 im Anhang).

Unabhängigkeit und Selbstentfaltung in der Partnerschaft, so wie sie die Frauen des „neuen" Typus verstehen, stehen offenbar nicht im Widerspruch zur Mutterrolle. Allerdings – dies sollte man hier ergänzen – wird vom männlichen Partner gefordert, einen Teil der damit verbundenen Lasten und Pflichten zu übernehmen.

Eine „Mittelstellung" in mehrfacher Hinsicht nehmen die 31 % Frauen des Typs II ein, den wir wegen seiner psychischen Grundbefindlichkeit und wegen seines Schwankens zwischen den Fronten der konventionellen und der neuen Frauen „die verunsicherte Frau" genannt haben.

Sie fühlt sich – in weit höherem Maße noch als die „neue Frau" – in einer festen Beziehung zu sehr eingeengt (53 %). 49 Prozent dieser Frauen – ein fast ebenso hoher Anteil wie bei Typ III (52 %) – halten vom Heiraten nicht viel. Andererseits sehnen sich die Frauen dieses Typs II nach einer „reibungslosen" Partnerschaft und sind zumeist davon überzeugt, daß Frauen mit Sexualität viel tiefere Gefühle verbinden als Männer (78 % Zustimmung – vgl. Tabelle 13 im Anhang). Dies unterscheidet sie deutlich von Typ III.

Die Tatsache, daß die Vertreterinnen des „verunsicherten Typs" bei der Beurteilung der geschlechtsspezifischen Bedeutung von Eigenschaften und Fähigkeiten vergleichsweise häufig „Überlegenheit" und „Selbstsicherheit" als besonders wichtig für den Mann halten (vgl. Tabelle 14 im Anhang), weist möglicherweise auf das psychosexuelle Dilemma dieser Frauen: Auf der Bewußtseinsebene haben sie sich bereits den Idealen der neuen Frau verschrieben, seelisch – was die konkreten Beziehungen zu ihren männlichen Partnern, was ihre Beziehungen zur sozialen Umwelt überhaupt betrifft – scheinen sie aber in hohem Maße Defizite zu erleben.

Den Hintergrund für diese Interpretation bilden Befunde aus der Lebensweltforschung: Sehr aufschlußreich waren die Schilderungen ihrer Wunschpartner, die wir von unseren Befragten erhalten haben. Die in diesem Zusammenhang mehr oder weniger bewußt artikulierten Sehnsüchte lassen für beide Geschlechter auf massive psychosexuelle Dissonanzen schließen. Offensichtlich widersetzen sich nicht nur der berufliche und familiäre Alltag den Forderungen von neuer Flexibilität und Partner-Norm, sondern auch die bekanntermaßen sehr beharrlichen und änderungsresistenten Triebstrukturen. Erotische Ansprüche und Partner-Normen stehen vielfach im Widerspruch.

Nach unseren Befunden sind es vor allem die alten Muster erotischer Attraktion, die die Wirksamkeit der neuen Leitbilder schwächen. Wenn die sozialnormativen Zwänge stark genug sind, werden zwar neue Motive — und bei konformen Verhalten entwickeln sich auch neue Belohnungssituationen —, aber man muß deutlich unterscheiden, was jemand seiner Triebstruktur entsprechend gerne hätte, und was er unter sozialem Druck schließlich akzeptieren muß.

Durch die neuen Rollenanforderungen sind, wie wir gesehen haben, viele — Männer und auch Frauen — überfordert. Da diese Anforderungen sozialnormativ erzwungen werden, kann man sich ihnen weniger im alltäglichen Verhalten als auf der Ebene der Wünsche und Phantasien entziehen. Rollenverunsicherung und ,,Emanzipationsstreß'' fördern so auch die Sehnsüchte nach den alten Rollenbildern.

Die wohl wichtigste und gesellschaftlich bedeutsamste Folge dieser Rollenunsicherheit betrifft die Einstellung zum Kind. 72 % der jungen Frauen des ,,verunsicherten Typs'' reagieren in dieser Frage negativ (vgl. Tabelle 13 im Anhang). Wenn, wie die Daten zeigen, ein gutes Drittel unserer jüngsten weiblichen Befragten (15- bis 17jährige) dem Typus der verunsicherten Frau zuzurechnen sind, weist das einerseits auf die Brisanz des Problems; andererseits wird aber auch deutlich, daß die Einstellung zu Kindern bei jungen Frauen sehr wahrscheinlich in erster Linie von der seelischen Qualität der Partnerschaft beeinflußt wird und erst in zweiter Linie von den vielbeschworenen ,,äußeren'' Rahmenbedingungen.

Die Ergebnisse unserer Analysen insbesondere im Zusammenhang mit dem Strukturmuster der ,,verunsicherten Frau'' unterstreichen unseres Erachtens die Empfehlung der Sachverständigenkommission zur Erstellung des sechsten Jugendberichts: die Suche junger Mädchen nach ,,eigenen Lebensformen'', nach ,,Lebensräumen, in denen sie Eigenständigkeit und Durchsetzungsvermögen entwickeln können", gesellschaftlich und politisch zu unterstützen, z. B. in der Jugendhilfe.*

Die sozialstrukturellen Merkmale der drei Einstellungstypen sind in der Tabelle 15 im Anhang zusammengestellt. Die soziodemografische Analyse zeigt: Der wichtigste Zusammenhang hinsichtlich der Zugehörigkeit zu einem der drei Typen ergibt sich — erwartungsgemäß — mit der Bildungs-Variablen. Während Hauptschülerinnen bzw. Frauen mit Hauptschulabschluß nur mit 17 % beim Typ der „neuen Frau" vertreten sind, steigt dessen Anteil bei der Gruppe der am höchsten **gebildeten Frauen (Abitur/Hochschulabschluß)**** auf 36 %. Dagegen zählen nur 18 % der jungen Frauen des „konventionellen Typus" zur höchsten Bildungsstufe.

Bei der Variable Berufstätigkeit ist zu beachten, daß die „neue Frau" einen hohen Anteil studierender Frauen stellt, die (noch) nicht im Beruf sind.

Offensichtlich — und nach unserer Einschätzung mehr noch als sie möglicherweise selbst annehmen — haben Seidenspinner/Burger recht, wenn sie die Bildungsreform der sechziger und siebziger Jahre als „stille Revolution" in der Frauenfrage feiern.*** Offenbar hatte die Umstrukturierung des Bildungswesens in den letzten 20 Jahren auch Schrittmacherfunktion für die weibliche Emanzipation.

b) Ergebnisse einer Typologieanalyse junger Männer

Beim Vergleich der Aussagen zu Ehe und Partnerschaft hatten wir bereits in der Hauptuntersuchung eine hohe Übereinstimmung zwischen den Geschlechtern festgestellt.**** Es zeigten sich aber auch eini-

---

* Sachverständigenkommission zur Erstellung des sechsten Jugendberichts Verbesserung der Chancengleichheit von Mädchen in der Bundesrepublik Deutschland. Bericht der Kommission, Dezember 1982
** Gemeint ist der erreichte bzw. angestrebte Bildungsabschluß
*** Gerlinde Seidenspinner/Angelika Burger: Mädchen '82. Eine repräsentative Untersuchung über die Lebenssituation und das Lebensgefühl 15- bis 19jähriger Mädchen in der Bundesrepublik, durchgeführt vom Deutschen Jugendinstitut München im Auftrag der Zeitschrift Brigitte, Hamburg 1982
****Vgl. SINUS: Die verunsicherte Generation — Jugend und Wertewandel, Opladen 1983, S. 67 ff

ge interessante Unterschiede: So fühlen sich junge Männer in einer festen Beziehung auf Dauer in weit höherem Maße eingeengt als junge Frauen (40 % gegenüber 29 %), halten insgesamt weniger vom Heiraten (40 % gegenüber 34 %) und stehen partnerschaftlicher Arbeitsteilung in Haushalt und Beruf skeptischer gegenüber (41 % der jungen Männer akzeptieren Halbtagsarbeit für beide Geschlechter und damit eine gleichmäßige Aufteilung beruflicher und häuslicher Pflichten, aber 49 % der jungen Frauen). Die Unterschiede bei den anderen Aussagen sind dagegen jeweils geringer (vgl. Tabelle 16 im Anhang).

Es stellt sich nun die Frage, ob angesichts der insgesamt doch hohen Übereinstimmung zwischen jungen Frauen und jungen Männern in Fragen von Ehe und Partnerschaft letztere den weiblichen Typenmustern ähnliche Gruppenstrukturen aufweisen oder anders formuliert: Gibt es bei den jungen Männern dem jeweiligen weiblichen Einstellungstyp entsprechende „männliche Varianten"?

Um es vorwegzunehmen: Die Typenstruktur der jungen Männer weicht weitaus stärker von jener der jungen Frauen ab, als die hohe Identität bei den Einzelantworten vermuten läßt. Die (theoretischen) Konsequenzen, die daraus zu ziehen sind, werden wir später erörtern. Zunächst ist herauszustellen, daß sich auch bei der Teilgruppe junger Männer eine „Drei-Typen-Lösung" als die sinnvollste erwies, obwohl wir — wegen der mathematischen Unabhängigkeit der Modelle voneinander — keine derartige Übereinstimmung mit der Frauenanalyse vorgegeben hatten.

Wie bei den Frauen, so haben wir auch bei den jungen Männern jeder der drei Gruppen (Cluster) einen Namen gegeben, der den jeweiligen Einstellungsschwerpunkt formelhaft zum Ausdruck bringen soll (die jedem Typ zugeordneten Prozentzahlen geben Auskunft über seinen zahlenmäßigen Anteil an der Grundgesamtheit aller jungen Männer zwischen 15 und 30 Jahren):

- TYP I: Der partnerorientierte Mann   32 %
- TYP II: Der traditionelle Mann   32 %
- TYP III: Der hedonistische Mann   36 %

Wir haben Typ I „partnerorientiert" genannt, weil er in weit überdurchschnittlichem Maße Aussagen ablehnt, welche die Bindung zwischen Mann und Frau in Frage stellen. Seine Verwandtschaft zum Typ der „konventionellen Frau" ist unverkennbar. Das Antwortverhalten der „partnerorientierten" jungen Männer und der „konventionellen" jungen Frauen ist bei fast allen Aussagen zu Ehe und Partnerschaft weitgehend identisch. Wenn wir für den männlichen Typus dennoch nicht ebenfalls den Begriff „konventionell" gebraucht haben, so deswegen, weil er bei bestimmten Problemen „emanzipativer" denkt als sein weibliches „Pendant". So sind zwar 38 % des Typs der „konventionellen" Frau der Ansicht, daß „für die Empfängnisverhütung in erster Linie die Frau verantwortlich ist", aber „nur" 30 % der „partnerorientierten" Männer. (Die Tabellen 17 und 18 im Anhang geben Auskunft über die Meinungsschwerpunkte bei den drei Einstellungstypen und ihre Antwortverteilung zu den Fragen zu Ehe und Partnerschaft.)

Auch bei der Zuordnung geschlechtsspezifischer Eigenschaften und Fähigkeiten wird deutlich, daß der „partnerorientierte" Mann nicht konventionell, das heißt im Sinne spezifisch männlicher Geschlechtsrollenvorstellungen denkt. Überkommene Geschlechtsrollenklischees weist er ebenso konsequent zurück wie die „konventionelle" Frau und geht bei einigen Eigenschaften dabei sogar noch weiter als sie. So sind lediglich 15 % der „partnerorientierten" Männer der Auffassung, romantisch zu sein, sei besonders wichtig für die Frau, aber 23 % des Typs der „konventionellen" Frau. Ein ähnliches Bild ergibt sich bei der Zuordnung der Eigenschaft „Empfindsamkeit": 13 % der „partnerorientierten" Männer, aber 20 % der „konventionellen" Frauen ordnen sie einseitig dem weiblichen Geschlecht zu (vgl. Tabellen 14 und 19 im Anhang).

Vergleicht man den „partnerorientierten" Mann in diesem Zusammenhang mit den beiden anderen männlichen Typen, so zeigt sich, daß er von allen dreien „am emanzipiertesten abschneidet". Wir finden hier eine außerordentlich interessante Konstellation, die für die weitere Entwicklung des Geschlechtsrollenwandels und der Beziehungen zwischen Mann und Frau in unserer Gesellschaft von Bedeutung sein könnte: Junge Männer, die einerseits eine hohe Wertschätzung für feste Partnerbindungen, Ehe, Familie und eigene Kinder aufweisen, akzeptieren andererseits in relativ hohem Maße emanzipative Ansprüche der Frauen, in höherem Maße jedenfalls als junge Männer, die ansonsten eher „progressive" Lebensentwürfe vertreten wie zum Beispiel Typ III, den wir im folgenden noch ausführlich erörtern werden.

Junge Männer, die feste und institutionalisierte Partnerbeziehungen für besonders wichtig halten, verharren also in ihrer großen Mehrheit nicht in überkommenen Strukturen – sind also im Hinblick auf die

Qualität der Partnerbeziehungen nicht struktur-konservativ, sondern füllen diese Strukturen gleichsam mit emanzipativen Inhalten. Dies kann als Ausdruck besonderer Hinwendung zum weiblichen Partner gedeutet werden. Es ist möglicherweise ein weiterer Hinweis darauf, daß zufriedenstellende Partnerbeziehungen vor dem Hintergrund des weiblichen Geschlechtsrollenwandels besonderer männlicher „Anpassungsleistungen" bedürfen.

Daß es bei den jungen Männern auch eine völlig andere Art der „Anpassung" an die veränderten Verhältnisse gibt, zeigt das Beispiel von Typ III.

Typ III, den wir den „hedonistischen" Mann genannt haben, weist gewisse Ähnlichkeiten mit der am stärksten emanzipationsorientierten Teilgruppe der weiblichen Typologie auf, der „neuen" Frau. Der „hedonistische" Mann favorisiert – ähnlich wie die „neue Frau" – ein „Unabhängigkeitsmodell", das heißt, die überwältigende Mehrheit (jeweils drei Viertel der gesamten Teilgruppe und mehr) lehnt feste Partnerbindungen im Grunde ab (vgl. Tabelle 18 im Anhang). Die jungen Männer dieses Typs entfalten in diesem Zusammenhang eine erstaunliche Rigidität: 71 % fühlen sich in einer festen Beziehung „auf Dauer zu sehr eingeengt", 83 % gar lehnen die Ehe ab. Dies unterscheidet sie auch vom Typus der „neuen" Frau, die diesen beiden Aussagen in weit geringerem Maße zustimmt. Ein weiterer wichtiger Unterschied zwischen „neuer" Frau und „hedonistischem" Mann ist die Einstellung zu eigenen Kindern. Wie wir gesehen haben, verbindet die „neue" Frau den Wunsch nach eigenen Kindern offensichtlich problemlos mit einer betont „frauen-emanzipativen" Grundeinstellung. Mehr als die Hälfte der „hedonistischen" jungen Männer hingegen kann dieser Variante jugendlicher Lebensentwürfe keinen Reiz abgewinnen.

Wir betonen diese Unterschiede auch deshalb, weil der „hedonistische" junge Mann ebenso wie die „neue" Frau in weit überdurchschnittlichem Maße in der Alternativbewegung engagiert ist oder mit ihr sympathisiert (vgl. Tabellen 20 und 21 im Anhang). Die psychologische Interpretation dieses Befundes ist nicht leicht. Beim Typus der „neuen" Frau haben wir es hier mit einer weiblichen Teilgruppe zu tun, die zwar ein betont emanzipatives weibliches Rollenmodell bevorzugt, an der Partnerschaft zwischen Mann und Frau aber grundsätzlich festhält. Die große Mehrheit des Typs „hedonistischer" Mann scheint dagegen die Partnerbindung zwischen Mann und Frau an sich in Frage zu stellen. Es handelt sich also hier im Grunde noch nicht einmal um das Unabhängigkeitsmodell der „neuen" Frau, sondern um ein individualistisches Entpflichtungsmodell. Als motivationale Basis und psychische Triebfeder vermuten wir eine hedonistisch-narzißtische Grundstruktur. Sie gab diesem Typus schließlich auch das Etikett. Hedonistisch-narzißtische Grundstruktur meint hier den Rückzug auf das eigene Selbst und dessen Bedürfnisse als dominierende Lebensstrategie. Partnerbindungen, ihre Anforderungen und Probleme sind dem jungen „Hedonisten", um es im Jugendjargon auszudrücken, schlicht „too much".

Dies mag zwar etwas überspitzt formuliert sein, kennzeichnet aber offensichtlich eine Grundstimmung, die auch andere Einstellungsbereiche prägt, die mit dem Thema Partnerbeziehungen recht wenig zu tun haben. Verdeutlichen läßt sich dies anhand der Meinungen des „hedonistischen" Typs zu Arbeit und Beruf. Fast 40 % würden einen Halbtagsjob jederzeit einer Ganztagsarbeit vorziehen, mehr als die Hälfte (52 %) würden überhaupt nicht mehr arbeiten, wenn sie genügend Geld hätten (vgl. Tabelle 22 im Anhang).

Eine Rolle für die Beurteilung dieses Typs spielt natürlich die Tatsache, daß die unter 21jährigen stark überrepräsentiert sind (57 % aller Befragten in dieser Gruppe). Dies erklärt auch, warum die Berufstätigen nur zu einem Drittel (32 %) vertreten sind, während sie bei Typ I mit 52 % die Mehrheit stellen (vgl. Tabelle 23 im Anhang). Es handelt sich somit zumindest zu einem Teil bei Typ III um eine altersspezifische Variante. So ist es durchaus denkbar, daß die 15- bis 17-jährigen Jungen sich noch weit weniger mit Partnerschaftsproblemen befassen als die gleichaltrigen Mädchen.

Die Gesamtproblematik läßt sich damit jedoch nicht erklären, sind doch immerhin 43 % dieses Typs zwischen 22 und 30 Jahre alt. Daß wir es hier mit einer spezifischen aktuellen und wohl auch für die Zukunft wichtigen gesellschaftlichen Problemlage zu tun haben, erkennt man auch daran, daß der „hedonistische" Mann mit 36 % die stärkste Teilgruppe stellt.

Bei Typ II, der ebenso wie Typ I rund ein Drittel der männlichen Grundgesamtheit stellt, findet sich noch am ehesten jenes Rollenbewußtsein, das man „klassische Männlichkeit" nennen könnte. Typ II, den wir deswegen den „traditionellen" Mann genannt haben, schwört auf unbedingte Treue in der Partnerschaft und möchte, daß sie möglichst reibungslos funktioniert. Gleichzeitig plädiert er aber – ganz im Gegensatz zum partnerorientierten Mann – für getrennte Freundes- und Bekanntenkreise (vgl. Tabelle 18 im Anhang). Mit Typ I verbindet ihn dagegen die Wertschätzung für Ehe und Familie.

Der „traditionelle" Mann reklamiert noch am ehesten bestimmte Geschlechtsrollen-Klischees wie „Härte", „Beschützer sein", „Überlegenheit" für das eigene Geschlecht. Auffallend dabei ist jedoch, daß auch dieser Typus, der die Inhalte der überkommenen Rollenstereotype offensichtlich – im Vergleich zu den beiden anderen Einstellungstypen – noch am stärksten verinnerlicht hat, dennoch mehrheitlich (zumindest verbal) die emanzipativen Inhalte des Geschlechtsrollenwandels akzeptiert. Dies wird zum Beispiel in der Tendenz deutlich, die meisten „geschlechtsspezifischen" Eigenschaften und Fähigkeiten beiden Geschlechtern gleichermaßen zuzuordnen (vgl. Tabelle 19 im Anhang). Bleibt anzumerken, daß Typ II den höchsten Anteil an Hauptschülern aufweist:

Die Struktur der männlichen Einstellungstypen und ihr spezifischer Umgang mit dem Geschlechtsrollenwandel weist auf zweierlei: Einerseits bemüht sich die große Mehrheit der jungen Männer, weibliche Emanzipationsansprüche zu akzeptieren, zumindest in die individuellen Vorstellungen von Partnerschaft zwischen Mann und Frau einzufügen. Auf der Bewußtseinsebene sind die jungen Männer offensichtlich weiter fortgeschritten, als die Öffentlichkeit, aber auch die wissenschaftliche Diskussion bisher annahmen. Andererseits stellen sich massive psychische Anpassungsprobleme, gleichsam hoch verdichtet beim Typ des jungen „Hedonisten", der wie es den Anschein hat, mit der herrschenden „Geschlechtsrollenwirklichkeit" am wenigsten fertig wird.

3. Der Alltag der Emanzipation: Junge Frauen und Beruf

In kaum einer anderen Frage ist sich die Frauenforschung so einig wie in der Beurteilung der Einstellung junger Frauen zur Arbeitswelt und zum Beruf.

Seidenspinner/Burger stellten für die von ihnen untersuchten 15- bis 19jährigen Mädchen fest, daß die Verwirklichung des Berufswunsches bei den Hauptanliegen für die Zukunft an erster Stelle steht. In dieser

Altersgruppe rangiert der Beruf, so stellt die Studie fest, deutlich vor Familie und Mutterschaft: „Die Mädchen planen also den Beruf als festen Bestandteil in ihr Leben ein. Das Ziel einer beruflichen Bildung ist für Mädchen heute zur Selbstverständlichkeit geworden."*

Ähnliche Befunde für die 20- bis 29jährigen jungen Frauen legte kürzlich das Institut für Demoskopie Allensbach in seiner Studie *Die Situation der Frau in Baden-Württemberg* vor:** So waren nur 6 % dieser Altersgruppe der baden-württembergischen Frauen (noch) nie berufstätig, und nur ein Drittel wäre bereit, zugunsten des „gemeinsamen Privatlebens" zurückzustecken, wenn der Partner dies wünschte. Auch die Ergebnisse unserer Untersuchungen belegen, daß es in der Einschätzung des Rangplatzes, den der Beruf im eigenen Lebensentwurf einnimmt, zwischen jungen Männern und jungen Frauen nur noch geringe Unterschiede gibt.

Um so größer sind die geschlechtsspezifischen Unterschiede bei der Verteilung der Berufschancen. Während 17 % der von uns befragten jungen Männer angaben, daß die Jugendarbeitslosigkeit für sie ein „großes Problem" sei, das sie „persönlich betrifft", waren es bei den jungen Frauen sogar 22 % (vgl. Tabelle 24 im Anhang). Von den Berufstätigen hatten 50 % der jungen Männer, aber nur 31 % der jungen Frauen den Eindruck, sich gegenüber ihrem erlernten Beruf „verbessert" zu haben.

Unterschiede zeigen sich auch bei den Ansprüchen, die an den ausgeübten oder angestrebten Beruf gestellt werden: So sind bei den jungen Männern „gute Verdienstmöglichkeiten" unerreichter Spitzenreiter (64 % halten das für „wichtig im Beruf"). Bei den jungen Frauen dagegen muß sich dieser materielle Aspekt den Spitzenplatz – und zwar auf insgesamt deutlich niedrigerem Niveau – mit den immateriellen Ansprüchen „gutes Betriebsklima" und „anregende, abwechslungsreiche Tätigkeit" teilen (53 % bzw. 52 % halten das für „wichtig im Beruf" – vgl. Tabelle 25 im Anhang).

Daß Mädchen und junge Frauen postmateriellen Zielen insgesamt offensichtlich eine höhere Priorität einräumen als junge Männer, wird

* Seidenspinner/Burger, a.a.O., S. 9
** Institut für Demoskopie Allensbach: Die Situation der Frau in Baden-Württemberg. Eine Repräsentativuntersuchung unter Frauen, ihren Partnern und Kindern über die Situation der Frau im Spannungsfeld von Beruf und Familie im Auftrag des Ministeriums für Arbeit, Gesundheit und Sozialordnung Baden-Württemberg, Stuttgart 1983

auch darin deutlich, daß fast doppelt so viele junge Frauen (15 %) eine „gesellschaftlich nützliche Arbeit" persönlich für wichtiger halten als junge Männer (9 %).

Als Erklärung für diesen Befund bieten sich unseres Erachtens zwei Hypothesen an:

1. Berufliche Diskriminierung erleichtert bzw. fördert den Zugang zu postmateriellen und alternativen Arbeitseinstellungen. Wir hatten diese Entwicklung bereits am Beispiel der jungen Langzeitarbeitslosen aufzeigen können.*

2. Es gibt einen systematischen Zusammenhang zwischen einer „frauen-emanzipatorischen" Grundorientierung und speziell auf den Arbeitsbereich bezogenen postmateriellen/alternativen Einstellungen: So stimmen zum Beispiel nur 29 % unseres Einstellungstyps der „konventionellen Frau" der Aussage zu „wenn ich die Möglichkeit hätte, würde ich in einem selbstverwalteten alternativen Betrieb arbeiten — auch wenn man da weniger verdient", aber bereits 47 % des „Mitteltyps" der „verunsicherten Frau" und 58 % von Typ III, der „neuen Frau" (vgl. Tabelle 26 im Anhang).

Wie erfolgreich die auf Selbstverwirklichung im Beruf bauenden Lebensentwürfe junger Frauen im Spannungsfeld von Beruf und Familie sein werden, läßt sich unschwer ausmalen. Die Wirklichkeit der Frauenarbeit in der Bundesrepublik ist nach wie vor vom sogenannten „Drei-Phasen-Modell" bestimmt: einer ersten Phase von Ausbildung und Berufstätigkeit folgt der Rückzug aus dem Arbeitsleben, bedingt durch die Anforderungen von Ehe und Mutterschaft und die Konzentration auf die Erziehungsarbeit in der Familie; daran schließt sich der Versuch an, in den Beruf zurückzufinden, wenn die Kinder „groß genug" sind.**

Aber in einer Zeit von Massenarbeitslosigkeit stellen sich einer Realisierung dieses Wunsches immer unüberwindlichere Barrieren entgegen. So betonen Seidenspinner/Burger bei ihrer Einschätzung des

---

* Vgl. Die verunsicherte Generation, a.a.O., S. 157 ff
** Vgl. Seidenspinner/Burger, a.a.O., S. 13 ff; vgl. auch Die Situation der Frau in Baden-Württemberg, a.a.O., S. 104: 63 % der nicht berufstätigen 20—29 jährigen Frauen der Baden-Württemberg-Stichprobe erwägen den (Wieder-) Einstieg in den Beruf.

Drei-Phasen-Modells folgerichtig auch seine gravierenden Nachteile für die Frauen.*

Ein anderes Lösungsmodell zur gleichzeitigen Realisierung und Integration von Lebenszielen in Familie und Beruf rückt in jüngster Zeit immer mehr in den Mittelpunkt des Interesses: Die Teilzeitarbeit. Dieses Modell gewinnt mit zunehmendem Alter der Frauen an Attraktivität. Während von den 15- bis 17jährigen jungen Mädchen 45 % „einen Halbtagsjob einer Ganztagsarbeit vorziehen" würden, steigt dieser Anteil bei den 26- bis 30jährigen (also der Generation der jungen Mütter) auf 63 % (vgl. Tabelle 27 im Anhang).

Als „partnerschaftliches Modell" für Frau *und* Mann akzeptieren Teilzeitarbeit — bei wechselseitiger Versorgung von Haushalt und Kindern — „theoretisch" fast die Hälfte aller 15- bis 30jährigen Frauen (49 %), aber auch 41 % der jungen Männer. Daß es sich vor allem bei den jungen Männern dabei um ein eher vordergründiges Bekenntnis handelt, zeigt der Befund, daß nur 26 % von ihnen eine Halbtagsarbeit tatsächlich einer Ganztagsarbeit vorziehen (bei den jungen Frauen sind es dagegen insgesamt 54 %).

Dieses Lösungsmodell erscheint somit zunächst ebenso unrealistisch wie der komplette Rollentausch (Modell „Hausmann"), den sich bereits jede dritte Frau zwischen 20 und 29 Jahren in Baden-Württemberg zumindest vorstellen kann.**

Für Partnerschaftskonzepte, basierend auf einer gleichberechtigten Integration der Frauen ins Berufsleben, fehlen nach wie vor die realen gesellschaftlichen Voraussetzungen. Zu diesem Schluß gelangte auch die Sachverständigenkommission zur Erstellung des sechsten **Jugendberichts.*****

Nach unserer Einschätzung schließt aber die Auflösung tradierter Geschlechtsrollenklischees, wie wir sie im Bewußtsein auch der Mehrheit der jungen Männer nachweisen konnten, Möglichkeiten für eine zukünftige positive Entwicklung nicht aus. Eine Schwäche des genannten Berichts der Sachverständigenkommission, die in dieser Frage schon fast defätistisch argumentiert, scheint uns in diesem Zusammenhang die mangelnde Sensibilität der „Sachverständigen" gegen-

---

* Vgl. Seidenspinner/Burger, a.a.O., S. 16
** Vgl. die Situation der Frau in Baden-Württemberg, a.a.O., S. 39
*** Vgl. Sachverständigenkommission zur Erstellung des sechsten Jugendberichts, a.a.O., S. 28ff

über dem Einstellungswandel, der bei den jungen Männern stattfindet und schon stattgefunden hat – und der mittelfristig zur Lösung der geschilderten Berufsprobleme junger Frauen beitragen wird.

Wie sehr die Frauen in der Bundesrepublik heute auf Fortschritte an der „Berufsfront" angewiesen sind, macht folgende – an statistischen Mittelwerten orientierte – fiktive „Normalbiografie" einer jungen Frau deutlich, die 1965 geboren wurde: Sie wird kurz nach Vollendung ihres 25. Lebenajahres heiraten. Sie wird zwei Kinder bekommen (und damit allerdings etwas über dem Durchschnitt liegen); ihr zweites Kind wird einige Monate nach dem fünften Hochzeitstag zur Welt kommen. Die Frau ist zu diesem Zeitpunkt 31 Jahre alt. Sie wird aller Voraussicht nach noch nicht ganz 50 Jahre alt sein, wenn ihr jüngstes Kind den elterlichen Haushalt verläßt, und sie wird zu diesem Zeitpunkt rund 23 weitere Lebensjahre vor sich haben, in denen sie ein ausgefülltes Leben führen will.*

4. Zur Politisierung des weiblichen Bewußtseins: Frauen und „Neue Politik"

Der Wandel der traditionellen Geschlechtsrollennormen hat, wie wir dargestellt haben, vielfältige Auswirkungen auf Alltagsbewußtsein und Verhalten und ist in engem Zusammenhang mit dem gesamtgesellschaftlichen Wertewandel zu sehen.

Wir konnten zeigen, daß die jungen Frauen – angeführt von einer frauenemanzipatorischen Vorhut – bei der Einschätzung von Arbeit und Beruf insgesamt „postmaterieller" denken als ihre männlichen Altersgenossen. Jüngere Frauen, die sich an neuen Rollenmustern orientieren, identifizieren sich sehr oft auf anderen Gebieten mit gleichsam „progressiven" Konzepten. Es gibt eine Reihe von Hinweisen dafür, daß Frauen insgesamt sensibler und aufnahmebereiter für postmaterielle Werte sind.

* Vgl. B. Fachinger: Psychologische Aspekte der Generativität. Erfassung von Motivation und Barrieren im generativen Verhalten. Endbericht eines Projektes im Auftrag des Bundesministers für Jugend, Familie und Gesundheit, Bonn 1981

Dieser Eindruck verdichtet sich, wenn man die Einstellungen zu zentralen Politikbereichen geschlechtsspezifisch analysiert. Insbesondere die Themenkreise „Umweltschutz" und „Frieden" haben nach unseren Befunden für das weibliche Bewußtsein eine hohe Bedeutung. Beispielsweise halten 35 % der befragten jungen Frauen es für ein „großes Problem", das sie „persönlich betrifft", daß immer mehr Kernkraftwerke gebaut werden. Bei den befragten jungen Männern sind es „nur" 26 % (vgl. Tabelle 28 im Anhang).

Was die „klassischen" Formen politischer Teilnahme wie Partei- und Gewerkschaftsarbeit oder die Mobilisierung persönlicher Kontakte und Beziehungen angeht, so halten die jungen Frauen diese für weit weniger wirkungsvoll als die jungen Männer.

Bessere Noten, als sie ihre männlichen Altersgenossen vergeben, erzielen bei den befragten 15- bis 30jährigen Frauen dagegen die typischen Aktionsformen der „neuen Politik". So halten 61 % der jungen Frauen Unterschriftenaktionen für wirkungsvoll, aber nur 52 % der jungen Männer. Genehmigte Demonstrationen halten 46 % der jungen Frauen für wirkungsvoll, bei den jungen Männern sind es 43 %. Bei Bürgerinitiativen ist das Verhältnis Frauen/Männer 71 %/67 %, bei der Mitarbeit in kirchlichen Gruppen 34 %/24 %. Allerdings: Während immerhin 4 % der jungen Männer gewaltsame Aktionen für wirkungsvoll halten, sind es bei den jungen Frauen lediglich 2 % (vgl. Tabelle 29 im Anhang).

Dieselbe Antworttendenz ist auch bei der Sympathiebeurteilung von verschiedenen (politischen bzw. weltanschaulich geprägten) Organisationen und Gruppen zu beobachten: Friedensbewegung, Atomkraftgegner, Jugendzentrumsinitiativen, Selbsthilfegruppen werden von jungen Frauen noch positiver beurteilt als von jungen Männern (vgl. Tabelle 30 im Anhang). Bemerkenswert scheint uns: 43 % aller befragten Mädchen und jungen Frauen sympathisieren mit kirchlichen Jugendgruppen (auch wenn sie selbst nicht aktiv mitarbeiten), aber nur 28 % der jungen Männer.

Diese Befunde, aber auch die Ergebnisse unserer Lebensweltforschung signalisieren für große Teile der jüngeren weiblichen Population einen säkularen Bewußtseinswandel: hin zu gesamtgesellschaftlich orientiertem Engagement und Politisierung. Dies drückt sich auch darin aus, daß junge Frauen generell in höherem Maße neue/alternative Lösungen akzeptieren (z. B. Umweltschutz, weniger Leistungsdruck, Mitmenschlichkeit, Abrüstung). Obwohl wir hier noch kein eindeutiges und abgeschlossenes Bild haben, deutet sich an, daß junge Frauen zur Erreichung dieser Ziele zunehmend politische Handlungsbereitschaft entwickeln. Sucht man nach erklärenden Zusammenhängen, so kristallisiert sich das neue Rollenbewußtsein der Frau auch als gleichsam katalysatorische Kraft für den politischen Einstellungswandel heraus: Der Anteil von jungen Frauen, die sich selbst zur Alternativbewegung zählen oder mit dieser sympathisieren, ist beim Typ der „neuen Frau" mit 68 % sehr groß; auf nur 39 % beläuft sich dieser Anteil beim „konventionellen" Typus. Auch die Anhängerinnen der Alternativbewegung, die alternative Lebensformen selbst praktizieren, finden sich viel häufiger bei den „neuen Frauen" als bei den Vergleichstypen (vgl. Tabelle 21 im Anhang).

Die Frauen des „neuen Typs" sind darüber hinaus in vergleichsweise hohem Maße auch zu unkonventionellen politischen Aktionen bereit: Während von allen 15- bis 30jährigen (also junge Männer und junge Frauen zusammen) lediglich 15 % das Besetzen von Häusern und Fabriken für politisch wirkungsvoll halten, beträgt dieser Anteil bei den jungen Frauen, die zum Typ der „neuen Frau" gehören, 28 %. Ein Drittel dieser „neuen Frauen" steht auch spontanen Demonstrationen positiv gegenüber, aber nur 14 % aller 15- bis 30jährigen (vgl. dazu Tabelle 31 im Anhang).

Vergleicht man die drei Einstellungstypen (die konventionelle Frau, die verunsicherte Frau, die neue Frau) hinsichtlich ihrer politischen Aktivitäten und hinsichtlich ihrer Sympathien für politische Gruppen miteinander, zeigen sich noch größere Unterschiede: Dreimal so viel Frauen des „neuen" wie Frauen des „konventionellen" Typs arbeiten aktiv in der Öko-Bewegung mit.

In noch höherem Maße profitiert die Friedensbewegung von diesem Trend zur „Politisierung des weiblichen Bewußtseins". Jede fünfte Frau des „neuen" Typs ist in dieser Bewegung aktiv, weitere 67 % machen zwar nicht mit, stehen ihr aber mit Sympathie gegenüber (vgl. Tabelle 32 im Anhang).

Hier entsteht ein weibliches Politisierungspotential — fernab von den traditionellen politischen Parteien —, das in den kommenden Jahren für die politische Kultur der Bundesrepublik eine bedeutsame Rolle spielen wird; vielleicht sogar bildet sich hier eine „neue weibliche Mehrheit", die allerdings dann keine „schweigende" sein wird.

V. Jugend und Freizeit

Die Wahrnehmung von Arbeit und Freizeit ist in hohem Maße einem historischen Wandel unterworfen. Dies zeigt sich unter anderem daran, daß der Zuwachs an freier Zeit keine entsprechende Steigerung der Zufriedenheit mit der Freizeit zur Folge hat. So stellt Opaschowski fest, daß die Bundesbürger heute zwar über 70 % mehr freie Zeit verfügen als vor 30 Jahren, aber trotzdem waren 1982 57 % der Befragten eines repräsentativen Querschnitts der 25- bis 54jährigen der Meinung, sie würden über zu wenig Freizeit verfügen.*

Mit der Verlängerung der Freizeit kam es zu einem Bedeutungswandel der beiden Lebensbereiche Arbeit und Freizeit. Opaschowski bringt diesen Prozeß auf die kurze Formel: „Die Freizeit hat der Arbeit den Rang abgelaufen".** Seine Behauptung untermauert er mit dem Ergebnis einer Befragung von 400 Berufstätigen. Teil der Untersuchung war die Skalierung verschiedener Lebensbereiche nach ihrer Wichtigkeit. Hierbei stuften 74 % der Befragten den Lebensbereich Freizeit als „äußerst wichtig" ein und setzten ihn damit auf den zweiten Platz nach dem Lebensbereich Familie/Partnerschaft. Der Lebensbereich Beruf/Erwerbsleben wurde hingegen nur von 43 % der Befragten als äußerst wichtig eingestuft.

Es besteht Grund zur Annahme, daß diese Befunde nicht nur eine historische Entwicklung abbilden, sondern Ausdruck eines tiefgreifenden soziokulturellen Wandlungsprozesses sind. Noch in den 50er und 60er Jahren galt es als selbstverständlich, die Freizeit als Erholung von der Arbeit zu betrachten; sie diente vordringlich der Wiederherstellung der beruflichen Leistungsfähigkeit. Die Lebenszeit war nicht nur weitgehend bestimmt durch die Dauer der Arbeitszeit, sondern die Arbeit war der zentrale Bereich, der dem eigenen Leben Sinn verlieh.

Und diese Wertorientierungen hatten damals auch für Jugendliche Gültigkeit. In einer Jugendstudie aus dem Jahr 1962 stimmten 55 %

* Opaschowski, H. W.: Arbeit. Freizeit. Lebenssinn?, Opladen 1983
** Opaschowski, H. W.: a.a.O., S. 29

der befragten 16- bis 18jährigen der Ansicht zu, daß „ohne Arbeit Glück kaum möglich" sei bzw. daß ein Leben „nur mit Arbeit glücklich" sein kann.* Allerbeck wiederholte Teile dieser Befragung 1983 im Rahmen einer Untersuchung zur Integrationsbereitschaft der Jugend im sozialen Wandel und stellte fest, daß denselben Items heute nur noch 42 % der befragten Jugendlichen zustimmen.**

Die Gleichung Arbeit ist gleich Lebensinhalt gilt also nicht mehr uneingeschränkt. Die Freizeit hat heute einen eigenständigen Wert und dient in zunehmendem Maße der Befriedigung des Bedürfnisses nach Selbstverwirklichung und Individuation.

Es wäre allerdings falsch, den konstatierten Wandel als kontinuierlichen und bezüglich verschiedener gesellschaftlicher Gruppen homogenen Prozeß zu verstehen. Die erwähnte Studie von Opaschowski enthält Hinweise, daß die Einstellungen zur Freizeit mit den jeweiligen Lebenslagen der Befragten zusammenhängen. So richteten zwar 80 % der Angestellten und Beamten ihre Lebenshoffnungen auf die Freizeit, aber nur 53 % der Freiberufler und der Arbeitnehmer in leitenden Positionen. Die Bedeutung der Freizeit variiert offensichtlich mit den Erfahrungen im Berufsleben.

Ein ähnliches Bild ergab die Sonderauswertung „Jugend ohne Arbeit" im Rahmen unserer Hauptstudie.*** Jugendliche, insbesondere wenn sie von längerer Arbeitslosigkeit betroffen sind, haben oft große Probleme, ihre „erzwungene Freizeit" sinnvoll zu nutzen. Sie haben auch Schuldgefühle, weil sie glauben, kein Recht auf ein erfülltes Freizeitleben zu haben, da ihnen die Legitimation durch die Berufstätigkeit fehlt.

Das Verhältnis von Arbeitswelt und Freizeitwelt bei den 15- bis 30jährigen wollen wir am Schluß dieses Kapitels auf der Grundlage unserer Daten diskutieren. Zunächst wollen wir uns mit zwei grundlegenden Einsichten der neueren Freizeitforschung befassen:

— Freizeit ist heute ein eigenständiger Lebensbereich und ein zentraler Lebensinhalt für die Mehrheit der Bevölkerung.
— Freizeit wird je nach individueller Lebenslage unterschiedlich erlebt.

* Zit. nach Allerbeck, K./Hoag, W. J.: Integrationsbereitschaft der Jugend im sozialen Wandel, unveröffentlichtes Manuskript
** Vgl. Allerbeck, K./Hoag, W. J.: Jugend ohne Zukunft? Einstellungen, Umwelt, Lebensperspektiven, München/Zürich 1985
*** SINUS: Die verunsicherte Generation, Opladen 1983, S. 98ff

Unter Berücksichtigung dieser beiden Prämissen sollen die jugend-typischen Formen der Freizeitgestaltung aus unserem Datenfundus herausgearbeitet werden.

1. Die freie Zeit ist ungleich verteilt

Grundlegend für die Freizeitgestaltung ist die Menge der frei verfügbaren Zeit. Hier ergab sich bei den von uns befragten Jugendlichen und jungen Erwachsenen folgendes Bild: 14 % der Befragten verfügen über „sehr viel Freizeit", 60 % über „ausreichend Freizeit" und 26 % gaben an, „zu wenig" oder „gar keine Freizeit" zu haben.

Das Ausmaß der (subjektiv) vorhandenen Freizeit hängt dabei eindeutig mit dem Alter zusammen. Während 22 % der 15- bis 17jährigen angeben, sehr viel Freizeit zu haben, sinkt dieser Anteil bei den 18- bis 21jährigen auf 13 % und bei den noch älteren auf 10 % bzw. 11 % ab (vgl. Tabelle 33 im Anhang).

Diese altersspezifische Variation sollte allerdings nicht überinterpretiert werden. Es läßt sich zeigen, daß das Alter allein nur ein recht grober Indikator zur Erklärung des Freizeitbudgets ist: Während 29 % der 15- bis 17jährigen Schüler über sehr viel Freizeit verfügen, verringert sich dieser Anteil bei den gleichaltrigen Auszubildenden auf 9 %.

Generell zeigt sich, daß das Merkmal Berufstätigkeit einen starken Einfluß auf die Freizeit ausübt. Über Freizeitmangel klagen insbesondere junge Wehrpflichtige, aber auch junge Hausfrauen mit kleinen Kindern.

Über die meiste freie Zeit verfügen diejenigen Befragten, die zur Zeit arbeitslos sind. In dieser Gruppe geben 36 % an, sehr viel Freizeit zu haben. Diese Tatsache wird von den meisten der Betroffenen allerdings nicht als Gewinn, sondern als Belastung empfunden (vgl. Tabelle 34 im Anhang).

Schließlich läßt sich noch ein deutlicher geschlechtsspezifischer Unterschied ausmachen. So geben 16 % der Männer, aber nur 12 % der Frauen an, sehr viel Zeit zu haben. Umgekehrt beträgt der Anteil derjenigen Befragten, die über einen Mangel an Freizeit klagen, bei den

Männern nur 23 %, bei den Frauen aber 29 %. Diese geschlechtsspezifische Differenz läßt sich in allen Altersgruppen nachweisen, und sie existiert unabhängig von den Merkmalen Berufstätigkeit und Familienstand.

2. Freizeitpartner

Jugendliche und junge Erwachsene verbringen ihre Freizeit überwiegend mit dem festen (Ehe-)Partner (44 %) sowie mit Freunden und Bekannten bzw. mit der jugendtypischen Clique (37 %). Andere Freizeitpartner spielen eine vergleichsweise geringe Rolle: Jeweils 4 % bzw. 3 % der Befragten geben an, ihre Freizeit am liebsten allein bzw. mit Kollegen, Mitschülern oder Kommilitonen zu verbringen (vgl. Tabelle 7 im Anhang).

Für junge Frauen ist der (Ehe-)Partner eindeutig der wichtigste Freizeitpartner (48 %), während Freunde und Bekannte bzw. die Clique nur einen Anteil von 37 % ausmachen. Bei jungen Männern hingegen rangieren Freunde und Bekannte bzw. die Clique als Freizeitpartner deutlich vor dem (Ehe-)Partner (48 % zu 39 %).

Bei der Interpretation dieses Befundes könnte man im Einklang mit den traditionellen Rollenklischees vermuten, daß junge Frauen ein größeres Bindungsbedürfnis als junge Männer haben. Das differenzierte Bild, das die von uns erstellte Typologie junger Frauen auf der Basis ihrer Einstellung zu Familie und Partnerschaft ergab, läßt uns allerdings gegenüber einem solchen Erklärungsversuch skeptisch sein.

Wir gehen vielmehr von der Hypothese aus, daß für die Wahl des Freizeitpartners nicht die Geschlechtszugehörigkeit ausschlaggebend ist, sondern die konkrete Lebenslage, in der sich der Jugendliche und junge Erwachsene befindet. Eine differenzierte Datenanalyse zeigt beispielsweise, daß alle Befragten, die in einer festen Partnerbeziehung leben, bei der Wahl ihrer Freizeitpartner ganz ähnliche Präferenzen haben, unabhängig davon, ob es sich um junge Frauen oder um junge Männer handelt (vgl. Tabelle 35 im Anhang).

Es ist allerdings so, daß junge Frauen im Durchschnitt früher als junge Männer eine feste Partnerbindung oder Ehe eingehen, so daß in unserer Stichprobe beispielsweise 29 % der Frauen, aber nur 19 % der Männer verheiratet sind. Und diese unterschiedlichen „Ausgangslagen" sind es letztlich, die das Freizeitverhalten bestimmen.

Jugendliche, die zur Zeit der Befragung ohne Arbeit waren, unterscheiden sich von der Gesamtheit der Befragten dadurch, daß sie häufiger angeben, ihre Freizeit allein zu verbringen. Dieser Befund sollte allerdings weder als Anzeichen einer drohenden Vereinsamung dieser Jugendlichen dramatisiert, noch im Sinne eines generellen Rückzugs der Arbeitslosen aus dem Geflecht ihrer ehemals vorhandenen sozialen Kontakte interpretiert werden. Dazu bietet die Datenbasis keinen Hinweis: die Jugendlichen, die ihre Freizeit allein verbringen, stellen nämlich auch in der Teilgesamtheit der Arbeitslosen (mit einem Anteil von 7 %) nur eine Minderheit dar. Die überwiegende Mehrzahl dieser Jugendlichen verbringt ihre Freizeit je nach Alter und Familienstand zusammen mit den Freunden und Bekannten oder gemeinsam mit dem Partner (vgl. Tabelle 36 im Anhang).

Darüber hinaus übernehmen Eltern und Verwandte bei arbeitslosen Jugendlichen überdurchschnittlich häufig die Funktion des wichtigsten Freizeitpartners. Wir interpretieren diesen Befund als Beleg dafür, daß das Verhältnis zwischen den arbeitslosen Jugendlichen und ihren Herkunftsfamilien überwiegend von Verständnis und Solidarität geprägt ist. Außerdem sollte berücksichtigt werden, daß arbeitslose Jugendliche tagsüber von ihren Freunden („Peers") getrennt sind, und somit ein verstärkter Kontakt mit nicht berufstätigen Familienmitgliedern sich anbietet.

3. Freizeitaktivitäten: Wer tut was?

Die häufigste Freizeitbeschäftigung von Jugendlichen und jungen Erwachsenen ist das Musikhören (49 %). Musik spielt im Leben vieler Jugendlicher die Rolle eines ständigen Begleiters und dient auch zur Untermalung anderer Aktivitäten wie Schularbeitenmachen oder sich mit Freunden treffen.

Besondere Bedeutung hat dies für die 15- bis 17jährigen, von denen 61 % angeben, daß Musikhören für sie eine wichtige Freizeitbeschäftigung ist. In dieser Altersgruppe sind darüber hinaus auch geschlechtsspezifische Unterschiede festzustellen. Die jungen Männer in diesem Alter sind mit einem Anteil von 67 % größere Musikliebhaber als die jungen Frauen (55 %) (vgl. Tabelle 37 im Anhang).

Auch der Konsum anderer Medien spielt in der Freizeit der Jugendlichen eine große Rolle. So gehört beispielsweise für 34 % der Befragten das Lesen zu den fünf wichtigsten Freizeitbeschäftigungen.* Die Bedeutung des Lesens hängt eindeutig mit dem Alter und mit dem Geschlecht der Befragten zusammen. Der geschlechtsspezifische Unterschied ist deutlich ausgeprägt und liegt in jeder Altersgruppe auf einem Niveau von etwa 20 %. Auch nimmt die Bedeutung des Lesens mit dem Alter zu und wächst von einem Anteil von 24 % bei den 15- bis 17jährigen auf 40 % bei den 26- bis 30jährigen. Und natürlich beeinflußt auch die Formalbildung das Leseverhalten: Während Hauptschulabsolventen nur zu 26 % in ihrer Freizeit lesen, sind es bei Befragten mit Abitur 50 %.

Das Fernsehen wird von 23 % aller Befragten zu den fünf wichtigsten Freizeitbeschäftigungen gezählt, wobei Männer offenbar häufiger vor dem Bildschirm sitzen als Frauen. In der Altersgruppe der 18- bis 25jährigen wird deutlich weniger ferngesehen. Schlußlicht bei den von uns erhobenen Formen der Mediennutzung ist der Kinobesuch. Nur männliche Jugendliche zwischen 15 und 17 Jahren sind nach unseren Befunden eifrige Kinobesucher.

Neben der Mediennutzung spielt der Sport eine wichtige Rolle bei der Freizeitgestaltung Jugendlicher und junger Erwachsener. Dabei rangiert der Freizeitsport mit einem Anteil von 27 % noch vor dem Vereinssport mit 24 %. Eine besonders sportbegeisterte Gruppe sind die 26- bis 30jährigen, von denen 34 % Freizeitsport treiben – Frauen sogar noch mehr als Männer.

Ein zentrales Motiv für die Freizeitgestaltung der Jugendlichen zeigt sich in dem Wunsch, mit anderen zusammenzusein. Dabei ist nebensächlich, in welcher Form dies geschieht, d. h. wo man sich trifft und was man gemeinsam unternimmt. 36 % aller Befragten waren sich einig, daß dieses nicht näher spezifizierte „Zusammensein mit anderen" zu den fünf wichtigsten Betätigungen in ihrer Freizeit gehört (vgl. Tabelle 37 mit Anhang).

---

* Die Befragten mußten aus einer umfangreichen Liste fünf Freizeitbeschäftigungen nennen, die für ihre Freizeitgestaltung wichtig sind.

Bei der Dominanz des Medienkonsums sowie sportlicher und kommunikativer Freizeitbeschäftigungen verwundert es nicht, daß Nichtstun und Faulenzen nur für einen geringen Teil der Jugendlichen von Bedeutung ist. Hier ergeben sich hinsichtlich Alter und Geschlecht nur geringfügige Unterschiede.

Handarbeiten, Basteln und Reparieren ist mit einem Anteil von 29 % ein weiterer wichtiger Bestandteil der Freizeitbeschäftigungen Jugendlicher und junger Erwachsener. Der Spaß an den eigenen manuellen Fähigkeiten ist bei den Frauen (36 %) noch größer als bei den Männern (23 %).

Die Bedeutung musischer Aktivitäten ist bildungsabhängig. Dabei übertrifft der Wunsch nach aktiver, kreativer Gestaltung (künstlerische Hobbies: 17 %) eindeutig das Bedürfnis nach reinem „Kunst-Konsum" (Besuch von Theater, Konzert und kulturellen Veranstaltungen: 10 %). Befragte mit Abitur oder abgeschlossener Hochschulausbildung nennen diese Freizeitbeschäftigungen doppelt so häufig wie Befragte mit geringer Formalbildung.

Ein Teil der Befragten wird auch in seiner Freizeit von der Arbeitswelt eingeholt. So geben jeweils 11 % an, daß Weiterbildung bzw. der Nebenerwerb ein wichtiger Bereich ihrer Freizeitbeschäftigungen ist. Überrepräsentiert sind hier die arbeitslosen Jugendlichen, von denen 17 % angeben, in ihrer Freizeit Geld zu verdienen und von denen 14 % sich in ihrer Freizeit der Weiterbildung widmen.

In den Tabellen 38 und 39 im Anhang haben wir zusammengestellt, wie sich das Freizeitverhalten in Abhängigkeit von den bevorzugten Freizeitpartnern bzw. den Grundorientierungen („Typologie der 15- bis 25jährigen"*) verändert.

Die kleine Gruppe von Jugendlichen, die ihre Freizeit meist allein verbringt, nennt weit überdurchschnittlich häufig „Lesen" als wichtigstes Hobby; außerdem erfreuen sich künstlerische Hobbies, Weiterbildung und Musikhören bei diesen Jugendlichen großer Beliebtheit. Das insgesamt so wichtige Freizeitbedürfnis – das Zusammensein mit Gleichaltrigen – spielt für diese Gruppe eine untergeordnete Rolle: Nur 11 % nennen es als wichtige Freizeitaktivität (gegenüber 36 % bei allen Befragten).

Bei den Jugendlichen, für die Eltern und Verwandte die wichtigsten

---

* Vgl. Kapitel III, 2., S. 22ff

Freizeitpartner sind, stehen solche Aktivitäten am höchsten im Kurs, die man zu Hause ausüben kann. Besonders wichtig sind Fernsehen, das Sammeln von Dingen, Musik hören, Lesen, Handarbeiten und Basteln. Auch helfen diese Jugendlichen häufiger im Haushalt mit. Bei ihren Freizeitaktivitäten außer Haus stehen Beschäftigungen an erster Stelle, die sicher oftmals gemeinsam mit den Eltern unternommen werden (Ausflüge, Wandern). Eine vergleichsweise geringe Bedeutung haben dagegen der Besuch von Gaststätten, Cafés und Kneipen sowie das Feiern von Parties.

Jugendliche, die ihre Freizeit vornehmlich in der Clique verbringen, zeichnen sich dadurch aus, daß sie ein großes Bedürfnis nach Bewegung, „Action" und Unterhaltung haben. Im Mittelpunkt des Freizeitgeschehens steht das Herumfahren mit dem Auto, Motorrad oder Mofa (24 % mehr als bei Gesamt). Außerdem geht man gern in die Disco, veranstaltet häufig Feiern und Parties, und auch Kinobesuche sind überdurchschnittlich häufig. Eher kontemplative Freizeitbeschäftigungen werden abgelehnt, wobei Lesen einen besonders geringen Stellenwert hat (11 % gegenüber 34 % bei Gesamt).

Bei den 15- bis 25jährigen Befragten unserer Stichprobe haben wir drei Orientierungstypen abgegrenzt, die sich in ihren Einstellungen zu ihren Eltern und zur Erwachsenenwelt insgesamt unterscheiden. Wir haben uns dafür interessiert, ob diese Orientierungen auch das Freizeitverhalten beeinflussen. Dabei konnten wir feststellen, daß jeder dieser Typen auch ein recht klares Profil hinsichtlich seiner Freizeitgestaltung aufweist (vgl. Tabelle 39 im Anhang).

Der „konventionell erwachsenen-orientierte" Jugendliche stellt sich auch in seiner Freizeit in stärkerem Maß als andere Jugendliche den Anforderungen von Arbeit und Schule. Der Anteil derer, die ihre Freizeit zur Weiterbildung nutzen oder für die Schule lernen, ist bei diesem Orientierungstyp am größten.

Grundsätzlich dominiert bei diesen Jugendlichen der Wunsch nach einer aktiven Freizeitgestaltung. Am liebsten entspannt man sich durch körperliches Training. So halten 28 % sich durch Freizeitsport fit, und 25 % treiben Sport im Rahmen eines Vereins.

Der „strategisch erwachsenen-orientierte Jugendliche ist ein leidenschaftlicher Disco-Fan. Der Anteil der Jugendlichen, für die der Disco-Besuch zu den wichtigsten Freizeitbeschäftigungen zählt, ist hier mit 30 % fast doppelt so hoch wie bei den anderen Orientierungstypen.

Grundsätzlich bevorzugen diese Jugendlichen Freizeitaktivitäten, die das Zusammensein mit Gleichaltrigen erlauben, um gemeinsam etwas zu unternehmen und zu erleben. Auch der fahrbare Untersatz – ob Auto, Motorrad oder Mofa – steht hoch im Kurs, bietet er doch die Möglichkeit, gemeinsam mit anderen Touren zu unternehmen oder ganz einfach nur aus Spaß herumzufahren.

Der starke Wunsch nach Unterhaltung und Ablenkung drückt sich auch darin aus, daß das Zusammensein mit den Freunden vergleichsweise selten zu Gesprächen über eigene Probleme genutzt wird.

Der „Autonom-Jugendorientierte" will in der Freizeit sowohl faulenzen als auch seine ausgeprägten kommunikativen und musischen Bedürfnisse befriedigen. Dagegen hält sich die Sportbegeisterung und die Vorliebe für eher auf Ablenkung und reine Unterhaltung zielende Freizeitaktivitäten in Grenzen.

Da für diese Jugendlichen die Kritik an der Erwachsenenwelt charakteristisch ist, suchen sie überdurchschnittlich häufig das Gespräch mit Gleichaltrigen und Gleichgesinnten, um ihre Probleme zu diskutieren. Als Ort für soziale Kontakte sind Kneipen und Cafés besonders beliebt.

Für relativ viele dieser Jugendlichen hat die Ausübung eines künstlerischen Hobbys eine große Bedeutung, und wir finden bei diesem Orientierungstyp die meisten Musikliebhaber.

Die Freizeitaktivitäten von Jugendlichen hängen sicherlich auch von dem zur Verfügung stehenden Angebot an Freizeiteinrichtungen ab. In diesem Zusammenhang ist die Frage interessant, welche Freizeiteinrichtungen von Jugendlichen vermißt werden.

Wir haben die entsprechenden Befunde in der Tabelle 40 im Anhang zusammengestellt. Was aus der Tabelle nicht hervorgeht, aber durchaus erwähnenswert erscheint: 44 % aller Befragten sind offenbar mit dem Angebot an Freizeiteinrichtungen an ihrem Wohnort zufrieden – zumindest vermissen sie nichts Wesentliches. In der „Wunschliste" der Freizeiteinrichtungen steht das Jugendzentrum mit weitem Abstand ganz oben, wobei in ländlichen Gebieten die Mangelsituation besonders häufig beklagt wurde. Interessanterweise zeigten in unserer Stichprobe junge Frauen stärkeres Interesse an einem Jugendzentrum als junge Männer (25 % zu 19 %).

4. Organisierte Jugendliche – eine beachtenswerte Minderheit

Eine Minderheit unter den Jugendlichen und jungen Erwachsenen wendet einen nicht unerheblichen Teil ihrer Freizeit für die Mitarbeit in unterschiedlichen Organisationen und Gruppen auf. Da diese Organisationen und Gruppen nicht selten weit über den Kreis ihrer aktiven Mitglieder hinaus Beachtung finden und die gesellschaftspolitische Diskussion beeinflussen, wollen wir im folgenden diese beachtenswerte Minderheit der Jugendlichen etwas näher beleuchten (vgl. Tabelle 41 im Anhang).

Da wir uns hier nur für solche Jugendlichen interessieren, die sich zu einem aktiven Engagement für eine Organisation oder Gruppe bekannt haben – Antwortvorgabe: ,,Da mache ich mit, da gehöre ich dazu" –, kommen wir wegen der geringen Fallzahlen sehr rasch an die Grenzen vertretbarer quantitativer Analysen und Aussagen. So haben sich etwa von unseren 2.012 Befragten ,,nur" 71 zur Gewerkschaftsjugend bekannt, und das ist dann auch die kleinste Gruppe, die wir bei unserer Auswahl berücksichtigt haben.

Daß vor allem Gruppen, die zum Umfeld der Alternativ- und Protestbewegung zählen, die Jugendlichen und jungen Erwachsenen mobilisieren, wird niemanden wundern, der die gesellschaftspolitische Entwicklung der letzten Jahre beobachtet hat. Und daß diese Gruppen über den Kern ihrer aktiven Anhänger (von ,,Mitgliedern" im engeren Sinn kann man schlecht sprechen) hinaus viel Sympathie genießen, wurde bereits in den Befunden der Hauptstudie sehr deutlich.*

Bei den Anhängern der Friedensbewegung, der Umweltschützer und Atomkraftgegner fällt auf, daß das Verhältnis von Frauen und Männern weitgehend ausgeglichen ist. Eine Dominanz der Männer, wie man es aus anderen Organisationen kennt, trifft man hier nicht an. (Die Mitglieder der Gewerkschaftsjugend in unserer Stichprobe dagegen sind zu 73 % Männer!) Bezüglich der Altersstruktur finden wir einen Schwerpunkt bei den 18- bis 25jährigen; außerdem sind Jugendliche und junge Erwachsene mit Abitur deutlich überrepräsentiert. Interessanterweise ist bezüglich der Gemeindegröße kein Gefälle zwischen Stadt und Land festzustellen. Bei den Umweltschützern und bei den Mitgliedern der Friedensbewegung liegt der Anteil der Befrag-

---

* SINUS: Die verunsicherte Generation, Opladen 1983, S. 56ff

ten, die aus Gemeinden mit weniger als 5.000 Einwohnern kommen, sogar deutlich über deren Anteil in der Grundgesamtheit.

Anders als bei den „Ökopaxen" rekrutieren sich die meisten Mitglieder der Bürgerinitiativen aus der Altersgruppe der 26- bis 30jährigen. Zwar bilden auch hier die Befragten mit Abitur oder abgeschlossenem Hochschulstudium die Mehrheit, aber die Anteile der Hauptschüler und der Befragten mit mittlerem Abschluß nähern sich den Werten, die ihren Anteilen in der Grundgesamtheit entsprechen. Schließlich finden wir bei den Bürgerinitiativen ein deutliches Stadt-Land-Gefälle: Der Anteil der Befragten aus Gemeinden mit weniger als 5.000 Einwohnern ist nur halb so groß wie ihr Anteil in der Grundgesamtheit.

Einen Sonderfall bei den Gruppierungen aus dem Umkreis der Protestbewegung stellen die Jugendzentrums-Initiativen dar. Hier werden Inhalte vertreten, die nur für eine bestimmte Altersgruppe von Interesse ist. So rekrutieren sich denn auch 72 % der Anhängerschaft aus der Altersgruppe der 15- bis 21jährigen. Es fällt auf, daß junge Männer sich häufiger in Jugendzentrums-Initiativen engagieren als junge Frauen.

Die Mitgliedschaft der Gewerkschaftsjugend setzt sich zu fast drei Vierteln aus Männern zusammen. Jugendliche aus der Altersgruppe der 15- bis 17jährigen sind nur schwach vertreten. Besonders häufig gehören ihr 26- bis 30jährige an. Hier handelt es sich also im strengen Sinn nicht mehr um Mitglieder der Gewerkschaftsjugend, sondern vielmehr um junge Gewerkschaftsmitglieder. Entsprechend der generellen Mitgliedsstruktur der Gewerkschaften dominieren Hauptschulabsolventen und Befragte mit mittlerem Bildungsabschluß.

Die Struktur der Mitgliedschaft kirchlicher Jugendgruppen variiert eindrucksvoll mit dem Merkmal der Gemeindegröße. Stark überrepräsentiert sind hier die Jugendlichen, die aus Gemeinden mit weniger als 5.000 Einwohnern stammen. Auch Jugendliche, die in einer Kleinstadt wohnen, sind leicht überrepräsentiert. Bezüglich des Bildungsstandes haben wir einen deutlichen Schwerpunkt bei den Jugendlichen, die einen mittleren Abschluß erreicht haben, und ein leichtes Übergewicht bei den Befragten mit Abitur. Hauptschulabsolventen sind demgegenüber leicht unterrepräsentiert. Wie nicht anders zu erwarten war, nimmt mit zunehmendem Alter der Anteil der Jugendlichen ab, der in kirchlichen Jugendgruppen aktiv ist. Geschlechtsspezifische Unterschiede sind nicht feststellbar.

5. Arbeitsorientierungen und Freizeitverhalten

Nachdem wir in den vorausgegangenen Kapiteln zahlreiche Einzelbefunde ausgebreitet haben, möchten wir zum Abschluß das Thema „Jugend und Freizeit" noch einmal etwas grundsätzlicher diskutieren.

In der neuen Freizeitforschung, vor allem in den Studien von Opaschowski, wird sehr stark auf den Bedeutungszuwachs der Freizeitwelt gegenüber der Arbeitswelt abgehoben. Opaschowski geht bei seiner Interpretation sogar soweit, daß er die Freizeit zum „eigentlichen Motor des Wertewandels" erklärt.*

Wir wollen und können mit unserem Datenmaterial nicht überprüfen, ob eine derartig pointierte Aussage zutrifft oder nicht. Doch es scheint uns sehr sinnvoll zu sein, in einer Analyse zum Freizeitverhalten über den Zusammenhang von Arbeit und Freizeit oder präziser über die Auswirkungen spezifischer Arbeitsorientierungen auf das Freizeitverhalten zu reflektieren.

Daß sich Jugendliche und junge Erwachsene in ihren Einstellungen zu Arbeit und Beruf deutlich unterscheiden, wurde bereits in der Hauptstudie herausgearbeitet.**

Wir konnten drei charakteristische Formen von Arbeitsorientierungen unterscheiden:***

— eine *„interessengeleitet-engagierte"* Arbeitsorientierung, die sich darin ausdrückt, daß traditionelles Karrieredenken und Erfolgsstreben zugunsten von Selbstverwirklichung in der Arbeit aufgegeben werden. Die Arbeit erscheint dann ideal, wenn sie einen gesellschaftlichen Bezug hat und wenn man sein eigenes soziales und politisches Engagement verwirklichen kann.

— eine *„konventionell-materielle"* Arbeitsorientierung, die — der Konvention unserer Leistungsgesellschaft entsprechend — das berufliche Fortkommen, ein gutes Einkommen und neuerdings auch den sicheren Arbeitsplatz in den Mittelpunkt stellt.

---

*   H. W. Opaschowski: Arbeit. Freizeit. Lebenssinn?, Opladen 1983, S. 32
** SINUS: Die verunsicherte Generation. Opladen 1983, S. 82ff
*** Diese Einstellungsdimensionen wurden durch eine Faktorenanalyse ermittelt, deren Ergebnis in Tabelle 42 im Anhang zusammengefaßt ist.

- eine *„freizeitbezogen-hedonistische"* Arbeitsorientierung, bei der die Arbeit und der berufliche Erfolg nicht mehr im Zentrum des Lebens stehen, weil die Befriedigung von Freizeitbedürfnissen wichtiger genommen wird.

Wir haben uns nun dafür interessiert, ob und inwieweit sich diese unterschiedlichen Arbeitsorientierungen auf das Freizeitverhalten auswirken. Um hier zu Aussagen zu gelangen, war es wiederum notwendig, „Typen" zu bilden, also alle Befragten nach ihren Arbeitsorientierungen zu gruppieren.*

Aufschlußreich ist zunächst einmal die quantitative Verteilung der Arbeitsorientierung in der Grundgesamtheit der 15- bis 30jährigen: Die mit Abstand kleinste Gruppe hat eine „freizeitbezogen-hedonistische" Arbeitsorientierung (13 %), ein Fünftel der Befragten wurde als „interessengeleitet-engagiert" identifiziert, und eine Zwei-Drittel-Mehrheit der Jugendlichen und jungen Erwachsenen läßt sich aufgrund ihrer Arbeitsorientierungen als „konventionell-materiell" charakterisieren. Diese Daten bestätigen aus unserer Sicht die schon in der Hauptstudie vorgetragene grundsätzliche Einschätzung, daß auch in den 80er Jahren Arbeit und Beruf für Jugendliche und junge Erwachsene einen wichtigen Lebensinhalt darstellen und nichts dafür spricht, daß junge Menschen in nennenswerter Zahl sich zugunsten ihrer Selbstverwirklichungsideen in der Freizeit generell aus dem Arbeitsleben zurückziehen.**

Die „Typologie der Arbeitsorientierungen" zeigt einige interessante soziodemografische Strukturmerkmale (vgl. Tabelle 43 im Anhang):

Während der „konventionell-materielle" Typ kaum Altersschwerpunkte aufweist, sind beim „interessengeleitet-engagierten" Typ die „ganz Jungen" (15 bis 22 Jahre) nur sehr schwach vertreten; die „freizeitbezogen-hedonistischen" Jugendlichen konzentrieren sich in der Altersgruppe der 18- bis 21jährigen.

---

* Zur Bildung der Typen haben wir für jeden Befragten die Merkmalsausprägungen derjenigen Statements zusammengefaßt, die gemeinsam einen Faktor bilden. Hierbei wurde die unterschiedliche Bedeutung der einzelnen Statements zur Erklärung des jeweiligen Faktors berücksichtigt. Auf diese Art und Weise erhält jeder Fall drei Kennziffern, die seine Affinität zu jedem der drei Faktoren ausdrücken. Die einzelnen Typen setzen sich aus den Befragten mit der jeweils höchsten Affinität zum entsprechenden Faktor zusammen.

** Vgl. SINUS: Die verunsicherte Generation, Opladen 1983, S. 82

Besonders deutlich lassen sich die drei Typen nach dem Merkmal „Formalbildung" unterscheiden. Beim „interessengeleitet-engagierten" Typ haben wir fast auf den Prozentpunkt die umgekehrte Struktur wie beim „konventionell-materiellen" Typ: 13 % Hauptschüler und 48 % Abiturienten/Studenten bei Typ I und 47 % Hauptschüler und 13 % Abiturienten/Studenten bei Typ II. Interessanterweise sind in Typ III („freizeitbezogen-hedonistisch") Jugendliche mit unterschiedlichen Bildungsabschlüssen recht gleichmäßig verteilt; gemessen an ihrem Gesamtanteil (23 %) sind freilich Abiturienten und Studenten mit 35 % deutlich überrepräsentiert.

Wenn wir bei den jungen Männern die „konventionell-materielle" Arbeitsorientierung stärker ausgeprägt finden als bei den jungen Frauen, so korrespondiert dieser Befund mit den traditionellen Rollenbildern – aber auch mit der beruflichen Realität. Und auch daß junge Frauen im „freizeitbezogen-hedonistischen" Typ deutlich überrepräsentiert sind, ist wohl eher als Reflex auf die oft wenig rosigen Berufsperspektiven von Mädchen und jungen Frauen zu interpretieren, als im Sinne einer geschlechtsspezifischen Distanz zur Arbeitswelt.

Jugendliche und junge Erwachsene mit einer „konventionell-materiellen" Orientierung sind fast zur Hälfte berufstätig, wohingegen der Anteil der Berufstätigen in den beiden anderen Typen jeweils nur ein knappes Drittel ausmacht. Dieser Befund deutet darauf hin, daß die Erfahrungen, die Jugendliche in der Arbeitswelt machen, nicht ohne Einfluß auf ihre grundlegenden Einstellungen zu Arbeit und Beruf bleiben.

Kehren wir nun zur Ausgangsfrage dieser Analyse zurück und versuchen, unsere drei Typen über ihre Freizeitaktivitäten zu beschreiben.

Die in Tabelle 44 dargestellten Befunde lassen sich zu charakteristischen Profilen verdichten. Der „interessengeleitet-engagierte" Typ ist auch in seiner Freizeit aktiv und engagiert. Er pflegt künstlerisch-musische Hobbies, liest viel und sucht intensive Auseinandersetzungen im Gespräch mit anderen. Sein gesellschaftspolitisches Engagement wird vor allem darin deutlich, daß er seine Freizeit sehr viel häufiger zur Mitarbeit in unterschiedlichen Gruppen und Organisationen nutzt, als dies Jugendliche und junge Erwachsene mit anderen Arbeitsorientierungen tun. (Tabelle 45 im Anhang zeigt das in sehr eindrucksvoller Weise.)

Junge Leute mit einer „konventionell-materiellen" Arbeitsorientierung zeigen auch in ihrer Freizeit ein weitgehend auf den gesellschaftlichen Konventionen gründendes Verhalten. Aktivitäten, die vor allem der Entspannung, Abwechslung und Streßlösung dienen, werden bevorzugt. Sport treiben, fernsehen, in die Disco gehen, zum Spaß mit dem Auto oder Motorrad durch die Gegend fahren sind beliebte Freizeitbeschäftigungen. Gesellschaftspolitisches Engagement ist im Spektrum der Freizeitaktivitäten unterbelichtet.

Der „freizeitbezogen-hedonistische" Typ, für den die Freizeit einen so hohen Stellenwert hat, zeichnet sich nicht etwa durch hohe „Sollerfüllung" typischer Aktivitäten aus, sondern durch den ausgeprägten Wunsch und Anspruch nach Freiheit und Ungebundenheit. Die Freiheit, nichts zu tun, die Möglichkeit, zwanglos mit anderen zusammenzusein und auch die Idee, „etwas Verrücktes" machen zu können, finden wir bei Jugendlichen dieses Typs besonders häufig. Diese charakteristische Grundhaltung spiegelt sich auch in den organisatorischen Bindungen dieser jungen Leute: Die hohe Wertschätzung, die sie Gruppen und Organisationen wie Umweltschützern, Bürgerinitiativen usw. zuteil werden lassen, führt zu keinem nennenswerten Engagement (vgl. Tabelle 45 im Anhang).

Die hier diskutierten Befunde lassen sich zu dem Fazit verdichten, daß es in der Tat ein sinnvoller Ansatz ist, das Freizeitverhalten von Jugendlichen im Kontext unterschiedlicher Arbeitsorientierungen zu analysieren. Eine dichotome Gegenüberstellung von Freizeitwelt und Arbeitswelt, in denen sich jeweils konträre Anforderungen, Ansprüche und Bedürfnisse konzentrieren, verstellt zu leicht den Blick auf interessante Differenzierungen und Entwicklungen. Im Typ des „interessengeleitet-engagierten" Jugendlichen wird deutlich, daß immerhin ein Fünftel der 15- bis 30jährigen die „klassische" Zweiteilung des Lebens in Arbeit und Freizeit nicht mehr akzeptiert. Der Wunsch, Dinge zu tun, die man als wichtig und richtig erkannt zu haben glaubt, prägt gleichermaßen die Einstellungen zur Arbeit und zur Freizeit.

Wir wollen und können nicht darüber spekulieren, ob dieser Orientierung „die Zukunft gehört". Der Hinweis darauf, daß es sie gibt, scheint uns gleichwohl interessant.

VI. Jugendpolitik in unserer Zeit

Nachwort von Dr. Heiner Geißler

Das heutige Bild von „Jugend" mit eigenen kulturellen Ausdrucksformen, Sprachstilen, Kleidungsmoden, altersgebundenen Organisationen und Informationsmedien ist Ergebnis einer langen „Geschichte der Jugend", die sich im wesentlichen in der europäischen Neuzeit entfaltet und die heutige Gestalt im Zuge der industriegesellschaftlichen Entwicklung des 19. und 20. Jahrhunderts angenommen hat. Diese Entstehung der Jugend ist verbunden mit der außerhäuslichen Erwerbstätigkeit der Väter, mit der Auflösung der Großfamilie und dem Wegfall der selbstverständlichen Mitarbeit Jugendlicher im häuslichen Betrieb. Bis zu diesem Zeitpunkt galt ein Jugendlicher als „unfertiger Erwachsener". Gegen Ende des vorigen Jahrhunderts setzte dann eine Verherrlichung des Jugendalters ein, dessen Attribute inzwischen weit über die Altersgrenze zum Erwachsensein hinaus als erstrebenswert und faszinierend gelten.

Jugend im heutigen Sinn setzt eine moderne, arbeitsteilige Gesellschaft mit einem gewissen Wohlstandsniveau voraus. Die Arbeitsteiligkeit macht es erforderlich, Kinder und Jugendliche auf ihre späteren beruflichen und gesellschaftlichen Aufgaben durch eine besondere Bildung und Ausbildung vorzubereiten; und ein gewisses Wohlstandsniveau macht es möglich, diese Kinder und Jugendlichen von der unmittelbaren Arbeit, der Lebensvorsorge für den nächsten Tag, freizustellen. Jugendliche sind also von den Belastungen und Verantwortlichkeiten bis zu einem gewissen Grade entbunden und werden in Gleichaltrigen-Gruppen unter pädagogischer Betreuung zusammengefaßt. Diese Lernzeit ist zugleich eine Probierzeit: Jugendliche haben die Chance, sich mit verschiedenen Lebensvorstellungen und Lebensentwürfen auseinanderzusetzen und dies für ihre eigene Identitätsbildung und Persönlichkeitsentwicklung fruchtbar zu machen. Der Münchner Pädagoge und Soziologe Walter Hornstein hat dieses klassische gesellschaftliche Funktionsmuster von Jugend als „Integration durch Separation" bezeichnet.

Betrachtet man die Veränderungen der letzten 20 Jahre, so zeigt sich, daß Jugendliche heute sehr viel mehr Zeit mit Gleichaltrigen verbringen als früher, daß ihr Gruppenbewußtsein wächst, ja sogar etwas entsteht, was manche als jugendlichen „Ethnozentrismus" bezeichnet haben. Entsprechendes gilt übrigens auch für andere soziale Gruppen: Kinder mit Kindern, Berufstätige mit Berufstätigen, alte Leute mit alten Leuten, Behinderte mit Behinderten usw.

Die — auch vom Enquête-Bericht „Jugendprotest im demokratischen Staat" festgestellte — „zunehmende Absonderung älterer und jüngerer Menschen in getrennte Lebensräume" kommt z. B. in einer Jugendumfrage des Frankfurter Soziologen Klaus Allerbeck* zum Ausdruck. Auf die identische Frage nach ihrer Zugehörigkeit zu informellen Jugendgruppen und -gemeinschaften antworteten 1962 19 % der 16- bis 18jährigen positiv, 1983 waren es 66 %. Die Zahl der Jugendlichen, die sich informellen Gruppen zugehörig fühlen, ist also auf mehr als das Dreifache angewachsen. „Das Netzwerk der Jugendlichen ist mithin wesentlich dichter geworden", folgert der Jugendsoziologe Allerbeck.

Das bedeutet zugleich, daß sich der früher feststellbare Generationszusammenhang in einer Weise gelockert hat, daß der Austausch und die Weitergabe geistiger, politischer und religiöser Erfahrungen, Einsichten und Traditionen in einem problematischen Ausmaß gestört sind.

Auch die Daten der vorliegenden Untersuchung** belegen eine Distanz gegenüber der Erwachsenengeneration, die wir erkennen und der wir uns stellen sollten:

— wenn für viele Jugendliche die wenigsten Erwachsenen die Probleme von Jugendlichen wirklich verstehen,

— wenn ein nennenswerter Teil überall auf Feindseligkeit gegenüber der Jugend zu treffen meint,

— wenn Jugendliche und Erwachsene von vielen als zwei total verschiedene Welten betrachtet werden.

*   Klaus R. Allerbeck — Wendy J. Hoag: Jugend ohne Zukunft? Einstellungen, Umwelt, Lebensperspektiven, München/Zürich 1985
** Die verunsicherte Engeration — Jugend und Wertewandel. Ein Bericht des SINUS-Instituts im Auftrag des Bundesministers für Jugend, Familie und Gesundheit. Opladen 1983, S. 50-52, siehe auch in diesem Buch, Kapitel III, S. 19-32

Nur die jeweils eigenen Eltern sind in bemerkenswerter Weise ganz anders, sind die große Ausnahme, zu ihnen vermerken die meisten Jugendlichen gute Beziehungen. Insgesamt wird mit dieser Distanz die gesellschaftliche Integration der Jugend schwieriger.

Zukunftssorgen um Ausbildungs- und Arbeitsplätze, Sorgen um die Erhaltung unserer natürlichen Lebensgrundlagen und um die Sicherung des Friedens machen es für einen Teil der Jugendlichen nicht leichter, in die Welt der Erwachsenen hineinzuwachsen.

Wenn also Hornstein von „Integration durch Separation" gesprochen hat, so kann für unsere Gegenwart festgestellt werden: Die Separation der Jugend von der Gesellschaft dauert länger und wirkt intensiver als früher. Zugleich ist die Integration – also das Hineinleben, die Eingliederung in die Gesellschaft – zweifelhafter, problematischer, schwieriger geworden. Für junge Menschen ist es schwerer geworden, erwachsen zu werden; für viele ist dies ein schmerzhafter Prozeß, der von manchen eher als Festlegung, als Einschränkung, ja manchmal als Verarmung empfunden wird.

Die Separation hat zunächst ihren verstehbaren Sinn und ihre verstehbaren Gründe gehabt. Wir müssen uns allerdings fragen, ob wir sie so weitertreiben lassen oder gar politisch fördern wollen, oder ob wir uns nicht um Korrekturen bemühen müssen.

Drei Antworten lassen sich unterscheiden:

1. Das *„Freiraum"-Konzept* will möglichst viele Freiräume, um selbständig experimentieren, probieren, eine unabhängige Identität finden und aufbauen zu können: Stichworte sind Befreiung, Unabhängigkeit, Emanzipation, Autonomie. Das Freiraum-Konzept verfestigt also die in der Jugendkultur angelegte Abschottung gegenüber der Erwachsenenwelt; es macht aus der psychosozialen Not der Kommunikationsausdünnung zwischen Jung und Alt eine pädagogische Tugend und ein jugendpolitisches Programm.

2. Das *Widerstandskonzept* will diesen Freiraum in politisch eindeutiger Weise nutzen, um Jugendliche zum Kampf gegen eine „autoritäre" Gesellschaft und zum Aufbau einer „Jugendkultur und Identität im Widerstand" anzuleiten. Diesem Konzept geht es letztlich darum, das Potential für eine andere Gesellschaftsordnung zu verstärken.

Eine Jugendpolitik und Jugendarbeit, die als Erziehung zum „Wi-

derstand" Jugendliche systematisch von Staat und Gesellschaft entfremdet und zur grundsätzlichen Opposition verleitet, wird nicht mit der Unterstützung einer an unsere Verfassung gebundenen und der Bevölkerungsmehrheit verpflichteten Bundesregierung rechnen können. Eine solche Erziehung schadet Jugendlichen ebenso wie der Gesellschaft.
3. Jugendpolitik und Jugendarbeit sollten bestrebt sein, Jugendliche in unsere Gesellschaft *zu integrieren*. Wir wollen dazu beitragen, jungen Menschen jenes Maß an Vertrautheit mit unseren Lebensverhältnissen und an Orientierung in unserer pluralen Kultur zu vermitteln, das sie auf ihrem Weg in unsere Gesellschaft brauchen. Wenn wir Kindern und Jugendlichen die nötige Geborgenheit und Sicherheit bieten wollen, dann müssen wir das Unsere dazu beitragen, daß sie in verantwortungsbewußten Gemeinschaften aufwachsen und ihnen auch Bindungen vermittelt werden, die vor einer unerträglichen Entfremdung und Orientierungslosigkeit bewahren. Dazu brauchen sie die Hilfe der Erwachsenen, die Begegnung und die Auseinandersetzung mit ihnen. Wir müssen damit rechnen, daß die Gefährdungen wachsen, wenn sich die Jugendlichen allein gelassen oder gar ausgestoßen fühlen. Bloßer Freiraum kann auch als Vernachlässigung empfunden werden.

Für die Jugendpolitik im engeren Sinne heißt es u. a., daß wir die Begegnung von jungen Menschen mit älteren Menschen besonders fördern sollten, nicht nur im Interesse der älteren, sondern gerade im Interesse junger Menschen. Wir brauchen ein Konzept von Jugendpolitik, das die auseinanderdriftenden Lebensräume von Erwachsenen und Jugendlichen wieder stärker miteinander verknüpft. So kann wechselseitiges Lernen in Gang gesetzt, so können Einsichten und Erfahrungen der Generationen besser vermittelt, so kann das Verständnis gefördert werden. Die Jugendminister aus Bund und Ländern haben sich vor einiger Zeit zu einem solchen Konzept bekannt: „Jugendpolitik und Jugendarbeit haben von je her eine solche Vermittlungs- und Integrationsaufgabe wahrgenommen. Diese Aufgabe ist heute schwieriger geworden, weil eine verbreitete Sinn- und Orientierungskrise die Ziele gesellschaftlicher Entwicklung und Integration hat fraglich werden lassen. Es erscheint daher vor allem notwendig, über die Generationen hinweg eine neue Verständigung über die gemeinsam zu bewältigenden Zukunftsaufgaben und die dahinter stehenden Wert- und Zielvorstellungen zu suchen."

In diesem Sinne hat der Pädagoge Hermann Giesecke ein verändertes Verständnis von Jugendarbeit vorgeschlagen.* Jugendarbeit solle danach nicht mehr nur in und mit Gruppen Gleichaltriger stattfinden. Sie tue vielmehr gut daran, „gelegentlich das Getto der Gleichaltrigkeit zu durchbrechen und generationsübergreifende Angebote der Bildung, der Besinnung, des Gesprächs zu machen... Mir scheint, daß die Grenzen zwischen Jugendarbeit und Erwachsenenbildung immer fließender geworden sind und noch werden müssen, und manches spricht dafür, die Gettoisierung des Jugendalters nicht noch pädagogisch zu verschärfen." Giesecke weist dann darauf hin, daß es nach seiner Meinung in der gegenwärtigen jungen Generation ein unübersehbares Bedürfnis nach menschlich verbindlichen, sozusagen „authentischen" Gesprächen und Auseinandersetzungen mit Älteren gibt. Die Jugendarbeit könne Situationen anbieten, in denen das wirklich möglich ist. Dies entspricht auch der Auffassung des Enquête-Berichts „Jugendprotest", der nach „Chancen für einen gemeinsamen Lernprozeß aller Generationen" sucht.

Ein solches Verständnis von Jugendarbeit erfordert zunächst einmal, unser Nachdenken und unsere Phantasie in eine neue Richtung zu lenken. Insbesondere sind natürlich die Kommunen, die Länder, vor allem aber die freien Träger vor Ort gefordert. Bisher ist es nach unseren Kenntnissen in der Regel eher umgekehrt: Nur reine Jugendveranstaltungen werden von den Jugendämtern unterstützt und finanziell gefördert. Uns liegen mehrere Untersuchungen vor, die dies bestätigen. Ich halte eine solche Beschränkung der Jugendarbeit für außerordentlich bedauerlich.

Ich möchte die zuständigen Personen und Einrichtungen gerade im Internationalen Jahr der Jugend anregen, über ein erweitertes Verständnis von Jugendarbeit nachzudenken, ein Verständnis, das nicht die Ausgrenzung der Jugend unterstützt, sondern durch Begegnung der Generationen Erfahrungen der Vergangenheit und Hoffnungen für die Zukunft in einen gemeinsamen Verständigungsprozeß und Verständigungshorizont von Alt und Jung einholt. Die Jugendarbeit kann einen begrenzten, aber nicht unwichtigen Beitrag zur Verhinderung wechselseitiger Ausgrenzungen leisten, in dem sie bewußt auf das gemeinsame Tun und die gemeinsame Verantwortung von Jung und Alt in unserer Gesellschaft hinarbeitet.

* Hermann Giesecke: Wozu noch Jugendarbeit? In: deutsche jugend 10/1984, 443–449

Politik für die Jugend ist jedoch mehr als Jugendpolitik. Wir brauchen ein Konzept von Gesellschaftspolitik, das dazu beiträgt, Jugendlichen das Gefühl zu geben, angenommen zu werden, zu Hause sein zu können, Vertrauen erfahren zu können, Wurzeln schlagen zu können.* Wir brauchen eine Politik, die nicht auf Ausgrenzung, sondern auf soziale Eingliederung angelegt ist; eine Politik, die nicht nur auf Emanzipation zielt, sondern Jugendliche auch zu verantwortlicher Bindung hinführt; eine Politik auch, die nicht eine Zerstörung verantwortlicher Institutionen, sondern deren Stärkung betreibt. Wir müssen die Institutionen, in denen Jugendliche aufwachsen, bei der Erfüllung ihrer Aufgaben unterstützen. Dazu gehört die Familie, dazu gehören die Kirchen, dazu gehören die Schulen, dazu gehören die außerschulischen Einrichtungen der Jugendarbeit und Jugendbildung.

Besondere Aufmerksamkeit müssen wir den Problemen der Mädchen und jungen Frauen widmen. Es ist ein besonderes Verdienst der vorliegenden Untersuchung, die veränderten Wünsche und Lebenserwartungen der Mädchen unübersehbar herausgearbeitet zu haben. Die gesellschaftlichen Kräfte müssen diesen Erwartungen Rechnung tragen. Auch die politischen Programme können an ihnen nicht vorbeigehen. Die vorliegende Untersuchung zeigt auch, daß sich die männlichen Partner auf die veränderten Erwartungen der Frauen einzustellen beginnen. Die jungen Frauen erwarten von ihren Männern Treue und ernsthafte Partnerschaft, die sich auch gleichberechtigt den (familiären) Lasten stellt. Im täglichen Leben ist nicht der Pascha, sondern der Partner gefragt.

Die Jugendpolitik, die Jugendhilfe und die Jugendarbeit können ihren — wenn auch begrenzten — Beitrag zur Chancengleichheit von Mädchen und Frauen beisteuern. Gerade die Freizeitangebote der Jugendarbeit sind geeignet, Selbstbewußtsein und soziale Kompetenz von Mädchen zu stärken. Hier ist die weitgehende Initiative der freien und öffentlichen Träger gefragt.

Auch die schulische Erziehung und Bildung muß zur Orientierung junger Bürger beitragen, indem sie in unsere — geschichtlich gewachsene — kulturelle und politische Identität einführt. Wir sollten dabei

---

* Jugendpolitik heute. Stellungnahme der Bundesregierung zum Bericht der Enquete-Kommission des Deutschen Bundestages „Jugendprotest im demokratischen Staat". Hg. v. Bundesminister für Jugend, Familie und Gesundheit. Oktober 1984

vermeiden, daß sich die Bildungsphasen immer weiter ausdehnen und verselbständigen. Eine solche Entwicklung würde zu einer weiteren Gettoisierung der Jugend beitragen, die wir nicht wünschen können. Wir sollten stattdessen um einen stärkeren Praxisbezug bemüht sein, wir sollten bestrebt sein, die Schule möglichst nahe an unsere gesellschaftliche Wirklichkeit und Erfahrungswelt heranzuführen – wie das auch vom Enquête-Bericht empfohlen wird.

Die Arbeits- und Berufschancen der Jugend sind ein gesellschaftspolitisches Schlüsselproblem. Hier liegt eine wesentliche Voraussetzung dafür, daß junge Menschen Vertrauen in ihre Zukunft, in Staat und Gesellschaft finden können. Eine Gesellschaftspolitik, die die Probleme der Gegenwart zu Lasten der nächsten Generation zu bewältigen versuchte, wäre grundlegend unsozial. Nur eine nüchterne und solide Politik dient der Gerechtigkeit, indem sie für Arbeits- und Zukunftschancen der heutigen Jugendlichen und Kinder sorgt.

Tabellenanhang

Tabelle 1: Bedeutung von finanzieller Sicherheit nach Alter

Prozentwerte (senkrecht)

Basis:	Gesamt 2.012	15 – 17 Jahre 436	18 – 21 Jahre 543	22 – 25 Jahre 480	26 – 30 Jahre 552
Fühle mich finanziell ausreichend gesichert	50	35	45	56	61
Fühle mich finanziell nicht ausreichend gesichert	26	16	27	30	28
Mache mir darüber noch keine Gedanken	24	49	28	14	11

Tabelle 2: Einstellungen zu Geldausgeben und Konsum nach Geschlecht und Alter
Prozentwerte (waagrecht)

Basis:	Gesamt 2.012		Männlich 1.030		Weiblich 982		15-17 Jahre 436		18-21 Jahre 543		22-25 Jahre 480		26-30 Jahre 552	
	Trifft zu	Trifft nicht zu	Trifft zu	Trifft nicht zu	Trifft zu	Trifft nicht zu	Trifft zu	Trifft nicht zu	Trifft zu	Trifft nicht zu	Trifft zu	Trifft nicht zu	Trifft zu	Trifft nicht zu
Ich halte mein Geld gerne zusammen	70	28	67	31	73	26	66	33	65	33	73	24	75	24
Wenn ich Geld ausgebe, dann für Dinge von bleibendem Wert	69	29	72	26	66	32	67	30	68	30	71	27	70	27
Ich versuche, den Konsumterror nicht mitzumachen und einfach zu leben	56	42	54	43	57	41	51	47	56	43	61	36	54	44
Ich brauche wenig Geld zum Leben	55	44	57	42	53	46	56	41	54	46	60	37	50	49
Wenn ich Geld ausgebe, dann ist das meistens eine spontane Entscheidung	37	62	38	60	35	64	45	53	45	55	26	73	32	67
Ich leiste mir alles, was ich für mein Geld haben kann	36	63	38	60	33	66	33	65	35	64	31	67	42	55
Es tut mir eigentlich jedesmal etwas weh, wenn ich Geld ausgebe	34	64	36	63	33	65	37	61	32	66	34	64	35	63
Ich kaufe mir oft Dinge, ohne darüber nachzudenken, ob ich es mir leisten kann	16	83	15	83	17	82	21	77	17	83	15	84	12	86
Ich leihe mir oft Geld, weil ich mit dem eigenen nicht auskomme	8	90	9	88	7	92	12	86	9	90	6	92	6	91

Tabelle 3: Einstellungen zu materiellem Besitz nach Geschlecht und Alter

Prozentwerte (waagrecht)

Basis:	Gesamt 2.012		Männlich 1.030		Weiblich 982		15-17 Jahre 436		18-21 Jahre 543		22-25 Jahre 480		26-30 Jahre 552	
	Sehr wichtig bzw. wichtig	Weniger wichtig bzw. unwichtig	Sehr wichtig bzw. wichtig	Weniger wichtig bzw. unwichtig	Sehr wichtig bzw. wichtig	Weniger wichtig bzw. unwichtig	Sehr wichtig bzw. wichtig	Weniger wichtig bzw. unwichtig	Sehr wichtig bzw. wichtig	Weniger wichtig bzw. unwichtig	Sehr wichtig bzw. wichtig	Weniger wichtig bzw. unwichtig	Sehr wichtig bzw. wichtig	Weniger wichtig bzw. unwichtig
Wohneigentum (eigenes Haus / Eigentumswohnung)	43	55	45	52	41	58	48	48	42	58	41	58	43	56
Kleines Vermögen (z.B. in Form von Wertpapieren/Grundbesitz/Schmuck)	39	59	41	57	37	61	39	58	38	61	36	61	42	56

Tabelle 4: Einstellungen zu materiellem Besitz nach dem Haushaltsnettoeinkommen

Prozentwerte (waagrecht)

Basis:	Gesamt 2.012		unter 1.500,- DM 194		1.500 - 2.500 DM 653		2.500 - 3.500 DM 627		3.500 - 4.500 DM 295		4.500 DM und mehr 195	
	Sehr wichtig bzw. wichtig	Weniger wichtig bzw. unwichtig	Sehr wichtig bzw. wichtig	Weniger wichtig bzw. unwichtig	Sehr wichtig bzw. wichtig	Weniger wichtig bzw. unwichtig	Sehr wichtig bzw. wichtig	Weniger wichtig bzw. unwichtig	Sehr wichtig bzw. wichtig	Weniger wichtig bzw. unwichtig	Sehr wichtig bzw. wichtig	Weniger wichtig bzw. unwichtig
Wohneigentum (eigenes Haus/ Eigentumswohnung)	43	55	31	67	42	56	48	51	43	56	46	51
Kleines Vermögen (z.B. in Form von Wertpapieren/Grundbesitz/ Schmuck	39	59	36	59	38	60	40	58	38	60	47	52

Tabelle 5: Gesprächspartner bei Problemen nach Alter und Geschlecht

Prozentwerte (senkrecht)
(Mehrfach-Nennungen)

Basis:	Gesamt 2.012	Geschlecht ♂ 1.030	Geschlecht ♀ 982	15 – 17 Jahre ♂ 224	15 – 17 Jahre ♀ 212	18 – 21 Jahre ♂ 277	18 – 21 Jahre ♀ 266	22 – 25 Jahre ♂ 249	22 – 25 Jahre ♀ 231	26 – 30 Jahre ♂ 279	26 – 30 Jahre ♀ 273
Mutter	46	45	47	63	66	56	54	36	38	28	34
Vater	26	32	19	45	29	39	16	27	17	19	18
Freund(in)	57	57	58	57	79	70	68	59	47	43	40
(Ehe-)Partner	35	27	44	3	7	6	30	35	60	60	73
Schwester	13	11	15	12	25	16	17	5	14	11	8
Bruder	8	10	6	16	10	10	5	10	4	7	5
Kollegen	7	9	5	10	8	9	6	11	5	8	1

Tabelle 6: Verhältnis zu den Eltern nach Geschlecht und Alter

Prozentwerte (senkrecht)

Basis:	Gesamt 2.012	Geschlecht ♂ 1.030	Geschlecht ♀ 982	15 – 17 Jahre ♂ 224	15 – 17 Jahre ♀ 212	18 – 21 Jahre ♂ 277	18 – 21 Jahre ♀ 266	22 – 25 Jahre ♂ 249	22 – 25 Jahre ♀ 231	26 – 30 Jahre ♂ 279	26 – 30 Jahre ♀ 273
Sehr gut	39	35	41	44	39	30	43	32	42	35	41
Gut	47	49	45	45	45	54	42	50	44	47	47
Es geht	13	14	12	11	14	13	13	16	11	14	10
Schlecht	1	1	1	–	2	2	1	1	1	3	–
Sehr schlecht	1	1	1	–	–	1	1	1	2	1	2

Tabelle 7: Freizeitpartner nach Geschlecht und Alter

Prozentwerte (senkrecht)

Basis:	Gesamt 2.012	Geschlecht ♂ 1.030	Geschlecht ♀ 982	15 – 17 Jahre Gesamt 436	15 – 17 Jahre ♂ 224	15 – 17 Jahre ♀ 212	18 – 21 Jahre Gesamt 543	18 – 21 Jahre ♂ 277	18 – 21 Jahre ♀ 266	22 – 25 Jahre Gesamt 480	22 – 25 Jahre ♂ 249	22 – 25 Jahre ♀ 231	26 – 30 Jahre Gesamt 552	26 – 30 Jahre ♂ 279	26 – 30 Jahre ♀ 273
Alleine	4	4	3	4	5	3	3	4	2	3	2	5	4	4	4
Eltern/Verwandte	6	4	9	8	9	8	7	4	11	5	3	7	5	3	8
(Ehe-)Partner	44	40	48	16	9	24	29	24	35	57	53	61	69	68	71
Freunde, Bekannte	37	40	34	49	47	50	51	54	47	29	33	24	20	24	16
Clique	6	9	3	16	23	8	8	12	4	2	4	1	1	1	–
Kollegen, Mitschüler, Kommilitonen	3	3	3	7	7	7	2	2	1	4	5	2	1	–	1

Tabelle 8: Einstellung zur „Welt der Erwachsenen" bei den Anhängern der Alternativbewegung

Zustimmung in Prozent
(Mehrfach-Nennungen)

	Anhänger der Alternativbewegung	Praktizieren selbst alternative Lebensformen
Basis:	975	204
Die wenigsten Erwachsenen verstehen die Probleme von Jugendlichen wirklich	71	73
Wer in seiner Jugend zuviel Freiheit hat, bekommt später leicht Schwierigkeiten	42	34
Von gleichaltrigen Freunden/Freundinnen lernt und erfährt man mehr als von seinen Eltern	63	73
In dieser Gesellschaft trifft man überall auf Feindseligkeiten gegenüber der Jugend	52	63
Was junge Leute außerhalb des Elternhauses tun, ist ihre eigene Sache	64	69
Unsere Gesellschaft tut eigentlich eine ganze Menge für die Jugendlichen	48	27
Jugendliche und Erwachsene, das sind zwei total verschiedene Welten	52	52

Tabelle 9: Einstellung zur „Welt der Erwachsenen" nach Geschlecht und Bildung

Zustimmung in Prozent
(Mehrfach-Nennungen)

Basis:	Gesamt 2.012	Geschlecht ♂ 1.030	Geschlecht ♀ 982	Hauptschule ♂ 410	Hauptschule ♀ 325	Mittlerer Abschluß ♂ 349	Mittlerer Abschluß ♀ 415	Abitur ♂ 236	Abitur ♀ 208
Die wenigsten Erwachsenen verstehen die Probleme von Jugendlichen wirklich	72	72	72	81	84	68	70	61	60
Wer in seiner Jugend zuviel Freiheit hat, bekommt später leicht Schwierigkeiten	49	48	49	56	62	50	47	33	29
Von gleichaltrigen Freunden/Freundinnen lernt und erfährt man mehr als von seinen Eltern	58	60	56	65	55	55	56	63	60
In dieser Gesellschaft trifft man überall auf Feindseligkeiten gegenüber der Jugend	48	44	53	51	58	34	54	45	46
Was junge Leute außerhalb des Elternhauses tun, ist ihre eigene Sache	60	64	56	65	56	58	56	74	54
Unsere Gesellschaft tut eigentlich eine ganze Menge für die Jugendlichen	57	57	57	63	66	59	55	43	47
Jugendliche und Ersachsene, das sind zwei total verschiedene Welten	53	53	52	60	64	52	52	38	38

Tabelle 10: **Typologie der 15 - 25jährigen Jugendlichen: Zufriedenheit mit dem schulischen Bildungswesen bei den drei Orientierungstypen**

Prozentwerte (senkrecht)

	TYP I Der konventionell Erwachsenenorientierte n = 534	TYP II Der strategisch Erwachsenenorientierte n = 496	TYP III Der autonom Jugendorientierte n = 425
Zufriedenheit mit der Lage im allgemeinbildenden Schulwesen:			
Zufrieden	64	65	43
Nicht zufrieden	34	33	54
Gründe für die Unzufriedenheit:	n = 184	n = 165	n = 230
Lehrermangel	18	18	20
Leistungsdruck	17	23	32
Zu große Klassen	17	15	16
Unterrichtsausfall	10	8	3
Realitätsferner Unterricht	10	6	14
Zuviel Streß	9	9	8
Mangelnde Mitsprache	6	4	8
Benotung	7	5	9
Schlechtes Lehrer-/Schüler-Verhältnis	5	11	12
Lehrer haben zu wenig Autorität	4	8	1

Tabelle 11: Typologie der 15 - 25jährigen Jugendlichen: Zufriedenheit mit dem beruflichen Bildungswesen bei den drei Orientierungstypen;

(Prozentwerte (senkrecht)

	TYP I Der konventionell Erwachsenen-orientierte n = 534	TYP II Der strategisch Erwachsenen-orientierte n = 496	TYP III Der autonom Jugend-orientierte n = 425
Zufriedenheit mit der Lage im beruflichen Bildungswesen:			
Zufrieden	63	67	49
Nicht zufrieden	30	30	42
Gründe für die Unzufriedenheit:	n = 161	n = 150	n = 176
Zu wenig Ausbildungsplätze	43	31	28
Praxisferne Ausbildung	16	12	16
Berufsfremde Arbeit	7	6	7
Leistungsdruck	9	9	19
Autoritäre Ausbildung	4	6	12
Zu wenig gute Ausbilder im Betrieb	4	5	9

Tabelle 13: Typologie des Rollenwandels junger Frauen: Aussagen zu Ehe und Partnerschaft bei den drei Einstellungstypen

Prozentwerte (waagerecht)

	Frauen Gesamt 100 %		Typ I Die konventionelle Frau 39 %		Typ II Die verunsicherte Frau 31 %		Typ III Die neue Frau 30 %	
	*Zustimmung	**Ablehnung	Zust.	Abl.	Zust.	Abl.	Zust.	Abl.
o In einer festen Beziehung fühle ich mich auf Dauer zu sehr eingeengt	29	67	6	94	53	47	37	63
o Eine Partnerschaft kann sich nur dann entwickeln, wenn sich jeder frei und ungebunden fühlt	68	32	46	54	79	21	87	13
o Vom Heiraten halte ich nicht viel	34	65	10	90	49	51	52	48
o Unbedingte Treue ist für mich Voraussetzung einer Partnerschaft	90	9	98	2	94	6	77	23
o Bevor man sich fest bindet, sollte man erst einige Zeit auf Probe zusammenleben	85	14	75	25	91	9	94	6
o In einer Partnerschaft sollte jeder seinen eigenen Freundes- und Bekanntenkreis haben	52	46	33	67	71	29	63	37
o Ich möchte keine/nicht noch mehr Kinder haben	32	66	13	87	72	28	17	83

Aussage								
○ Eine gute Partnerschaft ist eine, die reibungslos funktioniert	64	36	70	30	87	13	34	66
○ Am liebsten würde ich mit einem festen Partner zusammen in einer größeren Gemeinschaft (z.B. Wohngemeinschaft) leben	22	77	4	96	29	71	38	62
○ Es ist mir ganz wichtig, daß nichts nach außen dringt, wenn es in meiner Partnerschaft Probleme gibt	58	40	69	31	76	24	30	70
○ Für die Empfängnisverhütung ist in erster Linie die Frau verantwortlich	31	66	38	62	49	51	8	92
○ Mann und Frau sollten beide halbtags erwerbstätig sein und abwechselnd in der anderen Tageshälfte Haushalt und Kinder versorgen	49	49	29	71	57	43	70	30
○ Frauen verbinden mit Sexualität viel tiefere Gefühle als Männer	55	43	58	42	78	22	31	69

Basis: 982 junge Frauen zwischen 15 und 30 Jahren

* Zustimmung voll/teilweise
** Ablehnung voll/teilweise

Tabelle 12: Typologie des Rollenwandels junger Frauen: Struktur der Meinungsschwerpunkte bei den drei Einstellungstypen

Aussagen zu Ehe und Partnerschaft	Typ I Die konventionelle Frau 39 %	Typ II Die verunsicherte Frau 31%	Typ III Die neue Frau 30 %
• In einer festen Beziehung fühle ich mich auf Dauer zu sehr eingeengt	–	+	
• Eine Partnerschaft kann sich nur dann entwickeln, wenn sich jeder frei und ungebunden fühlt	–		+
• Vom Heiraten halte ich nicht viel	–		+
• Unbedingte Treue ist für mich Voraussetzung einer Partnerschaft			–
• Bevor man sich fest bindet, sollte man erst einige Zeit auf Probe zusammenleben	–		
• In einer Partnerschaft sollte jeder seinen eigenen Freundes- und Bekanntenkreis haben	–		
• Ich möchte keine/nicht noch mehr Kinder haben	–	+	(–)
• Eine gute Partnerschaft ist eine, die reibungslos funktioniert			–
• Am liebsten würde ich mit einem festen Partner zusammen in einer größeren Gemeinschaft (z.B. Wohngemeinschaft) leben	–		(+)
• Es ist mir ganz wichtig, daß nichts nach außen dringt, wenn es in meiner Partnerschaft Probleme gibt			–
• Für Empfängnisverhütung ist in erster Linie die Frau verantwortlich			–
• Mann und Frau sollten beide halbtags erwerbstätig sein und abwechselnd in der anderen Tageshälfte Haushalt und Kinder versorgen	(–)		+
• Frauen verbinden mit Sexualität viel tiefere Gefühle als Männer		+	–

Basis: 982 junge Frauen zwischen 15 und 30 Jahren

+ stark überdurchschnittliche Zustimmung zu einer Aussage im Vergleich mit der Grundgesamtheit
– stark überdurchschnittliche Ablehnung im Vergleich mit der Grundgesamtheit

Mathematisch ausgedrückt: die Abweichung beträgt mindestens eine halbe Standardabweichung nach oben bzw. unten vom Gesamtmittelwert aller befragten Frauen

(+) Abweichung knapp unterhalb des gesetzten statistischen "Schwellenwertes"
(–) von einer halben Standardabweichung

Tabelle 14: Typologie des Rollenwandels junger Frauen: Geschlechtsspezifische Bedeutung unterschiedicher Eigenschaften und Fähigkeiten bei den drei Einstellungstypen

Prozentwerte (waagrecht)	Typ I Die konventionelle Frau 39 %				Typ II Die verunsicherte Frau 31 %				Typ III Die neue Frau 30 %			
	A	B	C	D	A	B	C	D	A	B	C	D
Selbstbeherrschung	2	4	90	4	4	7	88	1	0	1	93	5
Zärtlichkeit	9	1	90	0	10	5	84	1	1	1	98	0
Selbstlosigkeit	3	1	74	22	5	6	60	29	2	1	65	32
Beruflicher Erfolg	0	36	60	3	1	27	69	4	0	14	71	14
Kinderliebe	9	0	91	0	7	2	90	1	6	0	93	1
Härte	0	27	21	52	1	26	28	44	1	14	29	56
Attraktives Aussehen	28	0	41	31	31	2	40	28	16	2	35	47
Kreativität	4	2	86	8	9	6	75	10	2	4	87	7
Beschützer sein	0	61	26	13	2	56	28	15	31	21	33	49
Sexuelle Treue	0	1	98	1	3	3	91	3	0	1	86	12
Gefühle zeigen	5	1	93	1	7	3	89	1	1	2	97	0
Überlegenheit	0	17	25	58	1	26	31	41	1	10	18	71
Empfindsamkeit	20	0	72	8	17	1	73	9	9	2	84	5
Durchsetzungsvermögen	1	16	76	6	3	17	73	6	4	9	78	9
Romantisch sein	23	1	66	11	23	3	65	9	9	2	70	19
Selbstsicherheit	2	5	91	2	4	11	83	2	2	5	90	2
Aktivität	0	4	94	1	1	7	91	1	0	3	96	1

Basis: 982 junge Frauen zwischen 15 und 30 Jahren
A = Besonders wichtig für die Frau
B = Besonders wichtig für den Mann
C = Gleichermaßen wichtig für beide
D = Generell unwichtig

Tabelle 15: **Typologie des Rollenwandels junger Frauen: Soziodemografische Struktur der drei Einstellungstypen**

Prozentwerte (senkrecht)

	Typ I Die konventionelle Frau 39 %	Typ II Die verunsicherte Frau 31 %	Typ III Die neue Frau 30 %
Alter			
• 15 bis 17 Jahre	18	26	23
• 18 bis 21 Jahre	27	21	33
• 22 bis 25 Jahre	27	18	24
• 26 bis 30 Jahre	28	35	20
Angestrebter bzw. erreichter Bildungsabschluß			
• Hauptschule	35	47	17
• Realschule/Fachschule/Mittlere Reife	45	37	44
• Abitur/Studium	18	12	36
Konfession			
• Katholisch	48	44	37
• Evangelisch	47	51	49
• Andere/keine	3	5	14
Berufstätigkeit			
• Berufstätig	51	48	40
• Nicht berufstätig	49	52	60

Basis: 982 junge Frauen zwischen 15 und 30 Jahren

Tabelle 16: Einstellungen zu Ehe und Partnerschaft nach Geschlecht

Prozentwerte (waagrecht)

Basis:	Zustimmung* ♂ 1.030	♀ 982	Ablehnung** ♂ 1.030	♀ 982
In einer festen Beziehung fühle ich mich auf Dauer zu sehr eingeengt	40	29	57	67
Eine Partnerschaft kann sich nur dann entwickeln, wenn sich jeder frei und ungebunden fühlt	72	68	27	32
Vom Heiraten halte ich nicht viel	40	34	57	65
Unbedingte Treue ist für mich Voraussetzung für eine Partnerschaft	88	90	11	9
Bevor man sich fest bindet, sollte man erst einige Zeit auf Probe zusammenleben	87	85	10	14
In einer Partnerschaft sollte jeder seinen eigenen Freundes- und Bekanntenkreis haben	50	52	45	46
Ich möchte keine/nicht noch mehr Kinder haben	29	32	68	66
Eine gute Partnerschaft ist eine, die reibungslos funktioniert	67	64	31	36
Am liebsten würde ich mit einem festen Partner zusammen in einer größeren Gemeinschaft (z.B. Wohngemeinschaft) leben	17	22	80	77
Es ist mir ganz wichtig, daß nichts nach außen dringt, wenn es in meiner Partnerschaft Probleme gibt	60	58	38	40
Für die Empfängnisverhütung ist in erster Linie die Frau verantwortlich	34	31	62	66
Mann und Frau sollten beide halbtags erwerbstätig sein und abwechselnd in der anderen Tageshälfte Haushalt und Kinder versorgen	41	49	57	49
Frauen verbinden mit Sexualität viel tiefere Gefühle als Männer	56	55	39	43

* Zustimmung voll/teilweise
** Ablehnung voll/teilweise

Tabelle 17: Typologie des Rollenwandels junger Männer: Struktur der Meinungsschwerpunkte bei den drei Einstellungstypen

Aussagen zu Ehe und Partnerschaft	TYP I Der partner-orientierte Mann 32%	TYP II Der traditio-nelle Mann 32%	TYP III Der hedo-nistische Mann 36%
In einer festen Bindung fühle ich mich auf Dauer zu sehr eingeengt	−		+
Eine Partnerschaft kann sich nur dann entwickeln, wenn sich jeder frei und ungebunden fühlt	−		+
Vom Heiraten halte ich nicht viel	−		+
Unbedingte Treue ist für mich Voraussetzung einer Partnerschaft		+	(−)
Bevor man sich fest bindet, sollte man erst einige Zeit auf Probe zusammenleben			
In einer Partnerschaft sollte jeder seinen eigenen Freundes- und Bekanntenkreis haben	−	+	
Ich möchte keine/nicht noch mehr Kinder haben	(−)		+
Eine gute Partnerschaft ist eine, die reibungslos funktioniert		+	
Am liebsten würde ich mit einem festen Partner zusammen in einer größeren Gemeinschaft (z.B. Wohngemeinschaft) leben		(−)	+
Es ist mir ganz wichtig, daß nichts nach außen dringt, wenn es in meiner Partnerschaft Probleme gibt			
Für Empfängnisverhütung ist in erster Linie die Frau verantwortlich			
Mann und Frau sollten beide halbtags erwerbstätig sein und abwechselnd in der anderen Tageshälfte Haushalt und Kinder versorgen	(−)		(+)
Frauen verbinden mit Sexualität viel tiefere Gefühle als Männer			

Basis: 1.030 junge Männer zwischen 15 und 30 Jahren

\+ Stark überdurchschnittliche Zustimmung zu einer Aussage im Vergleich mit der Grundgesamtheit
− Stark überdurchschnittliche Ablehnung im Vergleich mit der Grundgesamtheit

Mathematisch ausgedrückt: die Abweichung beträgt mindestns eine halbe Standardabweichung nach oben bzw. unten vom Gesamtmittelwert aller befragten Männer

(+)Abweichung knapp unterhalb des gesetzten statistischen "Schwellenwertes"
(−)von einer halben Standardabweichung

Tabelle 18: Typologie des Rollenwandels junger Männer: Aussagen zu Ehe und Partnerschaft bei den drei Einstellungstypen

Prozentwerte (waagrecht)	Gesamt 100 %		TYP I Der partnerorientierte Mann 32 %		TYP II Der traditionelle Mann 32 %		TYP III Der hedonistische Mann 36 %	
	*) Zustimmung	**) Ablehnung	Zust.	Abl.	Zust.	Abl.	Zust.	Abl.
In einer festen Beziehung fühle ich mich auf Dauer zu sehr eingeengt	40	57	10	89	38	61	71	29
Eine Partnerschaft kann sich nur dann entwickeln, wenn sich jeder frei und ungebunden fühlt	72	27	46	54	83	16	87	11
Vom Heiraten halte ich nicht viel	40	57	8	91	26	73	83	17
Unbedingte Treue ist für mich Voraussetzung für eine Partnerschaft	88	11	92	7	96	3	78	22
Bevor man sich fest bindet, sollte man erst einige Zeit auf Probe zusammenleben	87	10	80	20	93	6	94	6
In einer Partnerschaft sollte jeder seinen eigenen Freundes- und Bekanntenkreis haben	50	45	18	80	75	22	61	38
Ich möchte keine/nicht noch mehr Kinder haben	29	68	19	80	16	80	51	47
Eine gute Partnerschaft ist eine, die reibungslos funktioniert	67	31	56	43	91	8	58	42
Am liebsten würde ich mit einem festen Partner zusammen in einer größeren Gemeinschaft (z.B. Wohngemeinschaft) leben	17	80	9	89	4	95	38	62
Es ist mir ganz wichtig, daß nichts nach außen dringt, wenn es in meiner Partnerschaft Probleme gibt	60	38	56	43	74	25	52	46
Für die Empfängnisverhütung ist in erster Linie die Frau verantwortlich	34	62	30	70	37	61	38	61
Mann und Frau sollten beide halbtags erwerbstätig sein und abwechselnd in der anderen Tageshälfte Haushalt und Kinder versorgen	41	57	23	76	36	64	62	36
Frauen verbinden mit Sexualität viel tiefere Gefühle als Männer	56	39	51	46	59	38	60	36

Basis: 1.030 junge Männer zwischen 15 und 30 Jahren

*) Zustimmung voll/teilweise
**) Ablehnung voll/teilweise

Tabelle 19: Typologie des Rollenwandels junger Männer: Geschlechtsspezifische Bedeutung unterschiedlicher Eigenschaften und Fähigkeiten bei den drei Einstellungstypen

Prozentwerte (waagrecht)

	TYP I Der partnerorientierte Mann 32 %				TYP II Der traditionelle Mann 32 %				TYP III Der hedonistische Mann 36 %			
	A	B	C	D	A	B	C	D	A	B	C	D
Selbstbeherrschung	0	7	91	1	0	8	92	0	1	8	86	5
Zärtlichkeit	9	1	89	0	12	1	87	0	12	1	86	0
Selbstlosigkeit	4	3	76	16	4	5	67	23	2	5	69	24
Beruflicher Erfolg	1	34	59	6	1	33	60	4	2	29	55	13
Kinderliebe	9	0	90	1	10	0	88	1	13	0	85	1
Härte	1	29	28	42	1	35	27	36	0	32	22	46
Attraktives Aussehen	39	1	33	28	44	0	37	18	41	1	40	18
Kreativität	6	3	84	6	5	3	82	9	6	6	81	7
Beschützer sein	0	56	24	16	2	62	26	9	0	54	28	17
Sexuelle Treue	2	0	93	4	4	0	94	1	7	0	81	10
Gefühle zeigen	5	1	90	3	9	1	89	1	5	2	90	3
Überlegenheit	0	18	20	61	0	25	27	47	1	22	25	51
Empfindsamkeit	13	1	78	7	15	0	73	11	21	2	67	9
Durchsetzungsvermögen	2	24	66	7	1	31	60	7	2	30	61	6
Romantisch sein	15	0	71	13	22	1	68	9	21	2	65	12
Selbstsicherheit	0	12	85	3	1	12	84	2	1	12	85	2
Aktivität	1	6	93	0	1	6	92	1	0	7	89	3

Basis: 1.030 junge Männer zwischen 15 und 30 Jahren

A = Besonders wichtig für die Frau
B = Besonders wichtig für den Mann
C = Gleichermaßen wichtig für beide
D = Generell unwichtig

Tabelle 20: Typologie des Rollenwandels junger Männer: Akzeptanz der Alternativbewegung bei den drei Einstellungstypen

Prozentwerte (senkrecht)

	TYP I Der partnerorientierte Mann n = 325	TYP II Der traditionelle Mann n = 326	TYP III Der hedonistische Mann n = 362
Einstellung zur Alternativbewegung			
Anhänger *)	41	41	61
Keine Anhänger	59	59	38
Praktizieren alternative Lebensformen **)	133	132	219
Ja	18	12	26
Nein	82	87	72

Basis: 1.030 junge Männer zwischen 15 und 30 Jahren

*) Mitglieder und Sympathisanten
**) Teilgesamtheit: Anhänger der Alternativbewegung

Tabelle 21: **Typologie des Rollenwandels junger Frauen: Akzeptanz der Alternativbewegung bei den drei Einstellungstypen**

Prozentwerte (senkrecht)

	Typ I Die konventionelle Frau n = 381	Typ II Die verunsicherte Frau n = 300	Typ III Die neue Frau n = 293
Einstellung zur Alternativbewegung			
• Anhängerin *)	38	46	68
• Keine Anhängerin	61	53	32
Praktizieren alternative Lebensformen **)	n = 146	n = 138	n = 199
• Ja	15	15	32
• Nein	85	85	68

Basis: 982 junge Frauen zwischen 15 und 30 Jahren

*) Mitglieder und Sympathisantinnen
**) Teilgesamtheit: Anhängerinnen der Alternativbewegung

Tabelle 22: Typologie des Rollenwandels junger Männer: Meinungen zu Arbeit und Beruf bei den drei Einstellungstypen

Prozentwerte (waagrecht)

	TYP I Der partnerorientierte Mann 32 %		TYP II Der traditionelle Mann 32 %		TYP III Der hedonistische Mann 36 %	
	Zu-* stimmung	Ab-** lehnung	Zu- stimmung	Ab- lehnung	Zu- stimmung	Ab- lehnung
Ideal ist ein Beruf, in dem man politisches und soziales Engagement verwirklichen kann	59	41	68	31	69	31
Jeder, der sich anstrengt kann sich hocharbeiten	86	14	89	11	75	25
Ich arbeite gerne mehr, um mir einiges leisten zu können	82	18	79	20	68	31
Erfolg im Beruf ist nicht so wichtig	31	68	35	64	34	66
Ich würde einen Halbtagsjob jederzeit einer Ganztagsarbeit vorziehen	17	83	22	78	38	62
Wenn ich die Möglichkeit hätte, würde ich in einem selbstverwalteten alternativen Betrieb auch wenn man da wenig Geld verdient	23	77	32	66	47	52
Wenn ich genug Geld hätte, würde ich nicht arbeiten	42	57	37	62	52	48

Basis: 1.030 junge Männer zwischen 15 und 30 Jahren

* Zustimmung voll/teilweise
** Ablehnung voll/teilweise

Tabelle 23: Typologie des Rollenwandels junger Männer: Soziodemografische Struktur der drei Einstellungstypen

Prozentwerte (senkrecht)

	TYP I Der partnerorientierte Mann 32 %	TYP II Der traditionelle Mann 32 %	TYP III Der hedonistische Mann 36 %
Alter			
• 15 bis 17 Jahre	13	23	27
• 18 bis 21 Jahre	26	26	30
• 22 bis 25 Jahre	25	25	22
• 26 bis 30 Jahre	36	26	21
Angestrebter bzw. erreichter Bildungsabschluß			
• Hauptschule	38	43	40
• Realschule/Fachschule/Mittl. Reife	36	34	32
• Abitur/Studium	24	19	26
Konfession			
• Katholisch	44	49	44
• Evangelisch	45	46	48
• Andere/keine	11	5	8
Berufstätigkeit			
• Berufstätig	52	47	32
• Nicht berufstätig	48	53	68

Basis: 1.030 junge Männer zwischen 15 und 30 Jahren

Tabelle 24: Betroffenheit von sozialen und wirtschaftlichen Problemen bei den 15- bis 30-Jährigen nach Geschlecht

Prozentwerte (waagrecht)*

	Großes Problem, das mich auch persönlich betr.		Großes Problem, obwohl es mich nicht betrifft	
	Männer	Frauen	Männer	Frauen
o Daß es immer schwieriger wird, eine preiswerte Wohnung zu finden	36	36	42	44
o Daß die soziale Sicherheit nicht mehr gewährleistet ist	32	34	34	35
o Daß Sozialleistungen wie BAFöG oder das Wohngeld gekürzt werden	26	26	41	40
o Daß es unter den Jugendlichen so viele Arbeitslose gibt	17	22	77	71
o Daß der materielle Wohlstand abnimmt	14	14	15	14
o Daß die Tüchtigen bestraft und die Faulen gefördert werden	13	13	23	21
o Daß zu wenig für Randgruppen in unserer Gesellschaft getan wird	8	14	62	59

Basis: 1030 Männer zwischen 15 und 30 Jahren
 982 Frauen zwischen 15 und 30 Jahren

* Die Antwortkategorien
  – Das halte ich persönlich nicht für ein großes Problem
  – Das ist mir eigentlich egal
  – Diese Aussage stimmt nicht
  werden in dieser Übersicht weggelassen.

Tabelle 25: Ansprüche der 15- bis 30-Jährigen an den ausgeübten oder angestrebten Beruf nach Geschlecht

Prozentwerte (senkrecht)

(Mehrfach-Nennungen)

	Männer	Frauen
Basis:	1.030	982
• Gute Verdienstmöglichkeiten	64	53
• Gutes Betriebsklima	50	52
• Anregende, abwechslungsreiche Tätigkeit	45	52
• Sicherheit des Arbeitsplatzes	42	44
• Gutes Verhältnis zu Kollegen	41	41
• Gesunder Arbeitsplatz	34	32
• Gute Teamarbeit	30	34
• Gutes Verhältnis zu Vorgesetzten	28	32
• Verantwortungsvolle Tätigkeit	29	29
• Gute Aufstiegsmöglichkeiten	32	23
• Geregelte Arbeitszeit	26	29
• Möglichkeit zur Mitbestimmung	21	21
• Wenig Streß bei der Arbeit	15	11
• Gesellschaftlich nützliche Arbeit	9	15
• Viel Freizeit	12	11
• Hohe gesellschaftliche Anerkennung	2	3
• Daß wenig Anforderungen gestellt werden	0	0

Tabelle 26: Typologie des Rollenwandels junger Frauen: Aussagen zu Arbeit und Beruf bei den drei Einstellungstypen

Prozentwerte (waagrecht)

	Typ I Die konventionelle Frau 39 %		Typ II Die verunsicherte Frau 31 %		Typ III Die neue Frau 30 %	
	Zustimmung *)	Ablehnung **)	Zustimmung	Ablehnung	Zustimmung	Ablehnung
• Ideal ist ein Beruf, in dem man politisches und soziales Engagement verwirklichen kann	66	34	68	32	81	19
• Jeder, der sich anstrengt, kann sich hocharbeiten	84	16	83	17	26	47
• Ich arbeite gerne mehr, um mir einiges leisten zu können	79	21	85	15	58	42
• Erfolg im Beruf ist nicht so wichtig	42	58	38	62	52	48
• Ich würde einen Halbtagsjob jederzeit einer Ganztagsarbeit vorziehen	50	50	57	43	59	41
• Wenn ich die Möglichkeit hätte, würde ich in einem selbstverwalteten alternativen Betrieb arbeiten - auch wenn man da weniger verdient	29	71	47	53	58	42
• Wenn ich genug Geld hätte, würde ich nicht arbeiten	40	60	47	53	41	59

Basis: 982 junge Frauen zwischen 15 und 30 Jahren

*) Zustimmung voll/teilweise
**) Ablehnung voll/teilweise

Tabelle 27: Einstellung zur Halbtagsarbeit bei den 15- bis 30-jährigen Frauen nach Alter

Ich würde einen Halbtagsjob jederzeit einer Ganztagsarbeit vorziehen	
Alter	Zustimmung voll/teilweise
• 15 bis 17 Jahre	45 %
• 18 bis 21 Jahre	47 %
• 22 bis 25 Jahre	62 %
• 26 bis 30 Jahre	63 %

Basis: 982 junge Frauen zwischen 15 und 30 Jahren

Tabelle 28: Persönliche Betroffenheit durch aktuelle politische Probleme bei den 15- bis 30-Jährigen nach Geschlecht

Prozentwerte (waagrecht) *)

Basis:	Großes Problem, das mich auch persönlich betrifft		Großes Problem, obwohl es mich nicht betrifft	
	Männer 1030	Frauen 982	Männer 1030	Frauen 982
• Daß die Umwelt immer mehr zerstört wird	65	67	24	22
• Daß die Energie immer knapper und teurer wird	60	58	21	24
• Daß immer mehr aufgerüstet wird	49	49	31	31
• Daß die Politik der Sowjetunion den Weltfrieden gefährdet	38	39	26	29
• Daß die Politik der USA den Weltfrieden gefährdet	35	35	21	24
• Daß immer mehr Kernkraftwerke gebaut werden	26	35	17	20
• Daß man sich wegen der zunehmenden Kriminalität nicht mehr sicher fühlen kann	23	34	32	30
• Daß es den Nato-Doppelbeschluß gibt	24	21	20	22
• Daß es unter den Jugendlichen so viele Arbeitslose gibt	17	22	77	71
• Daß die Unterschiede zwischen den Industriestaaten und der Dritten Welt immer größer werden	14	17	52	53
• Daß so viele Jugendliche von Alkohol und Drogen abhängig sind	10	11	75	78

*) Die Antwortkategorien
- Das halte ich persönlich nicht für ein großes Problem
- Das ist mir eigentlich egal
- Diese Aussage stimmt nicht

werden in dieser Übersicht weggelassen

Tabelle 29: Einschätzung der Wirksamkeit verschiedener politischer Verhaltensformen bei 15- bis 30-Jährigen nach Geschlecht

Prozentwerte (waagrecht)

Basis:	Wirkungsvoll		Nicht wirkungsvoll	
	Männer 1030	Frauen 982	Männer 1030	Frauen 982
• An Wahlen teilnehmen	81	81	16	13
• In eine Partei eintreten und mitarbeiten	59	55	29	27
• Bei Unterschriftenaktionen mitmachen	52	61	36	26
• Über persönliche Kontakte und Beziehungen Einfluß nehmen	42	35	42	41
• An genehmigten Demonstrationen teilnehmen	43	46	46	39
• Häuser, Fabriken besetzen	16	13	72	69
• In kirchlichen Gruppen mitarbeiten	24	34	60	49
• Bei Bürgerinitiativen und Selbsthilfegruppen mitmachen	67	71	22	17
• In der Gewerkschaft, in Betriebs- und Personalräten mitarbeiten	69	66	20	18
• An spontanen Demonstrationen teilnehmen	15	13	69	68
• An gewaltsamen Aktionen teilnehmen	4	2	86	84

Tabelle 30: Organisatorische Bindungen bei den 15- bis 30-Jährigen nach Geschlecht

Prozentwerte (waagrecht)*

Basis:	Mache ich mit, gehöre ich dazu		Gehöre ich nicht dazu, finde ich aber gut		Gefällt mir nicht, lehne ich ab		Das sind Gegner von mir	
	Männer 1030	Frauen 982	Männer 1030	Frauen 982	Männer 1030	Frauen 982	Männer 1030	Frauen 982
Friedensbewegung	12	11	62	66	6	4	1	0
Umweltschützer/Ökologen	11	9	71	76	2	1	0	0
Kirchliche Jugendgruppen	8	9	28	43	10	7	1	1
Atomkraftgegner	8	8	32	42	27	18	7	3
Schülermitverwaltung und ASTA	6	4	53	59	4	2	1	1
Bürgerinitiativen	4	4	66	67	3	4	0	0
Jugendzentrums-Initiativen	5	3	47	58	5	4	1	1
Gewerkschaftsjugend	5	2	33	35	9	7	1	1
Selbsthilfegruppen	3	3	63	69	5	3	1	1
Landjugend	3	2	25	38	7	4	0	0
Amnesty International	2	2	68	64	5	4	1	1
Junge Union	2	1	18	19	20	20	7	4
Jungsozialisten	1	1	17	18	21	14	4	2
Jungdemokraten	1	1	16	17	18	14	3	1
Hausbesetzer	1	1	14	14	48	54	18	11
Feministische Frauenbewegung	0	2	11	18	31	27	6	6
Männergruppen (Schwulengruppen)	0	0	8	11	35	30	12	8
Punks	0	0	6	4	44	49	19	16
Neue Jugendreligionen	0	0	2	6	47	45	14	10
Popper	0	0	2	3	44	43	14	10
Rocker	0	0	3	2	50	55	24	21
Nationalistisch eingestellte Gruppen	0	0	2	3	42	43	42	29

*) Die Antwort-Kategorie "Ist mir ziemlich egal, kann ich tolerieren", wird in dieser Übersicht weggelassen.

Tabelle 31: **Typologie des Rollenwandels junger Frauen: Einflußnahme auf die Politik bei den drei Einstellungstypen**

Prozentwerte (waagrecht)

	Typ I Die konventionelle Frau 39 %		Typ II Die verunsicherte Frau 31 %		Typ III Die neue Frau 30 %	
	Wirkungsvoll	Nicht wirkungsvoll	Wirkungsvoll	Nicht wirkungsvoll	Wirkungsvoll	Nicht wirkungsvoll
• An Wahlen teilnehmen	93	7	82	18	84	16
• In eine Partei eintreten und mitarbeiten	68	32	55	45	79	21
• Bei Unterschriftenaktionen mitmachen	70	30	68	32	72	28
• Über persönliche Kontakte und Beziehungen Einfluß nehmen	44	56	46	54	48	52
• An genehmigten Demonstrationen teilnehmen	46	54	51	49	67	33
• Häuser, Fabriken besetzen	9	91	15	85	28	72
• In kirchlichen Gruppen mitarbeiten	41	59	37	63	44	56
• Bei Bürgerinitiativen und Selbsthilfegruppen mitmachen	80	20	73	27	90	10
• In der Gewerkschaft, in Betriebs- und Personalräten mitarbeiten	75	25	71	29	88	12
• An spontanen Demonstrationen teilnehmen	6	94	13	87	33	67
• An gewaltsamen Aktionen teilnehmen	0	100	4	96	5	95

Basis: 982 junge Frauen zwischen 15 und 30 Jahren

Tabelle 32: **Typologie des Rollenwandels junger Frauen: Organisatorische Bindungen bei den drei Einstellungstypen**

Prozentwerte (waagrecht)

	Typ I Die konventionelle Frau 39 %				Typ II Die verunsicherte Frau 31 %				Typ III Die neue Frau 30 %				*)
	A	B	C	D	A	B	C	D	A	B	C	D	
Umweltschützer/Ökologen	5	77	1	0	7	75	0	1	14	78	1	0	
Friedensbewegung	5	70	5	0	10	63	6	0	20	67	1	0	
Feministische Frauenbewegung	0	10	35	7	2	19	24	8	3	30	20	2	
Hausbesetzer	0	6	60	16	1	16	54	12	1	22	47	6	
Männergruppen (Schwulengruppen)	0	4	38	12	0	10	29	8	0	22	21	3	

Basis: 982 junge Frauen zwischen 15 und 30 Jahren

*) A = Mache ich mit, gehöre ich dazu
B = Gehöre ich nicht dazu, finde ich aber gut
C = Gefällt mir nicht, lehne ich ab
D = Das sind Gegner von mir

Die Antwort-Kategorie "Ist mir ziemlich egal, kann ich tolerieren", wird in dieser Übersicht weggelassen.

Tabelle 33: Freizeit nach Alter und Geschlecht

Prozentwerte (senkrecht)

Basis:	15 - 30 Jahre			15 - 17 Jahre			18 - 21 Jahre			22 - 25 Jahre			26 - 30 Jahre		
	Gesamt 2.012	♂ 1.030	♀ 982	Gesamt 436	♂ 224	♀ 212	Gesamt 543	♂ 227	♀ 266	Gesamt 480	♂ 249	♀ 231	Gesamt 552	♂ 279	♀ 273
Sehr viel Freizeit	14	16	12	22	26	18	13	14	13	10	12	8	11	13	10
Ausreichend Freizeit	60	61	59	70	68	71	65	64	66	57	59	55	51	55	46
Zu wenig/gar keine Freizeit	26	23	29	8	6	11	22	22	21	33	29	37	38	32	44

Tabelle 34: Freizeit nach Berufstätigkeit

Prozentwerte (senkrecht)

Basis:	Berufstätig	Teilzeit-beschäftigt	Zur Zeit ohne Arbeit	Früher berufstätig	Berufs-ausbildung	Schüler/Student	Wehr-pflichtiger/Zivildienst-leistender	Noch nie berufstätig gewesen
	753	64	92	144	257	595	29	69
Sehr viel Freizeit	6	14	36	13	9	22	11	30
Ausreichende Freizeit	58	53	48	48	72	64	32	66
Zu wenig/gar keine Freizeit	36	33	16	39	19	14	57	4

Tabelle 35: Freizeitpartner nach Familienstand und Geschlecht

Prozentwerte (senkrecht)

Basis:	Ledig ohne festen Freund(in)			Ledig mit festem Freund(in)			Verheiratet			Geschieden/ getrennt lebend		
	Gesamt 716	♂ 420	♀ 296	Gesamt 743	♂ 384	♀ 359	Gesamt 482	♂ 198	♀ 284	Gesamt 46	♂ 17	♀ 29
Allein	6	6	6	2	2	2	2	2	3	6	11	3
Eltern/Verwandte	10	7	14	4	3	5	5	1	7	14	15	13
(Ehe-)Partner	8	6	10	50	50	50	86	90	83	48	12	70
Freunde, Bekannte	58	59	56	37	35	39	6	6	7	29	60	11
Clique	12	16	7	5	7	3	–	–	–	3	2	3
Kollegen, Mitschüler, Kommilotonen	6	6	7	2	3	1	1	1	–	–	–	–

Tabelle 36: Freizeitpartner nach Berufstätigkeit

Prozentwerte (senkrecht)

Basis:	Berufstätig 753	Teilzeit beschäftigt 64	Zur Zeit ohne Arbeit 92	Früher berufstätig 144	Berufsausbildung 257	Schüler/Student 595	Wehrpflichtiger/Zivildienstleistender 29	Noch nie berufstätig gewesen 69
Allein	3	1	7	5	3	4	6	8
Eltern/Verwandte	5	5	14	11	7	5	10	7
(Ehe-)Partner	61	61	44	75	27	23	37	24
Freunde/Bekannte	27	32	26	9	46	52	37	51
Clique	3	1	4	–	15	8	10	5
Kollegen, Mitschüler, Kommilitonen	1	–	5	–	2	8	–	5

Tabelle 37: **Freizeitbeschäftigungen nach Geschlecht und Alter (1)**

Prozentwerte (senkrecht)
(Mehrfach-Nennungen)

Basis:	Ge-samt 2.012	Geschlecht ♂ 1.030	♀ 982	15-17 Jahre ♂ 224	♀ 212	18-21 Jahre ♂ 277	♀ 266	22-25 Jahre ♂ 249	♀ 231	26-30 Jahre ♂ 279	♀ 273
Künstlerische Hobbies (Musizieren, Malen, Schreiben, Töpfern usw.)	17	14	21	10	23	11	22	18	19	15	21
Handarbeiten, Basteln, Reparaturen	29	23	36	18	23	23	32	25	37	26	50
Weiterbildung	11	12	10	5	7	11	8	13	10	17	15
Nebenher Geld verdienen	11	16	7	14	9	22	6	16	9	11	4
Nichts tun, Faulenzen	17	16	19	13	20	14	20	17	17	18	18
Lesen	34	24	45	15	33	21	43	32	53	27	51
Musik hören	49	52	46	67	55	54	45	50	49	40	36
Fernsehen	23	24	21	29	20	16	21	19	21	34	24
Sport treiben im Verein	24	29	17	39	29	30	15	21	12	30	15
Freizeitsport treiben (Jogging, Skilaufen, Schwimmen usw.)	27	26	28	30	19	23	29	22	24	31	37
In Vereinen, Verbänden, Parteien, Initiativgruppen mitarbeiten	8	11	6	10	6	10	5	12	6	12	5
Karten spielen, andere Spiele	10	12	8	10	3	11	8	13	8	15	10
Auf Parties/zu Festen gehen	15	16	15	16	21	24	17	12	15	9	7
Mit anderen zusammensein - sich treffen (ohne Pläne)	36	33	39	32	41	40	46	29	35	29	36
Gaststätten, Restaurants, Cafés, Kneipen besuchen	15	17	12	12	8	17	16	23	16	17	8

Tabelle 37: **Freizeitbeschäftigungen nach Geschlecht und Alter (2)**

Fortsetzung

Basis:	Ge-samt 2.012	Geschlecht		15-17 Jahre		18-21 Jahre		22-25 Jahre		26-30 Jahre	
		♂ 1.030	♀ 982	♂ 224	♀ 212	♂ 277	♀ 266	♂ 249	♀ 231	♂ 279	♀ 273
Ins Kino gehen	16	18	13	28	14	22	12	17	19	8	10
Konzerte, Theater, kulturelle Veranstaltungen besuchen	10	9	11	4	6	8	8	13	11	12	16
In Discos gehen/tanzen	16	15	17	19	32	27	23	13	10	3	7
Sportveranstaltungen besuchen	9	14	4	14	3	12	6	13	4	18	5
Einkaufsbummel, Schaufensterbummel machen	14	7	21	3	18	7	20	10	24	8	20
Autofahren, Motorrad-, Mofafahren (zum Spaß)	20	28	11	33	11	34	14	30	8	17	11
Ausflüge machen, wandern	15	13	18	6	9	10	12	13	22	21	26
Im Haushalt helfen	10	8	11	6	12	7	13	8	10	12	9
Für die Schule lernen	8	8	8	14	20	8	9	9	3	3	3
Sich im soz. Bereich engagieren (Freiwillige Feuerwehr, Rotes Kreuz, Altenbetreuung)	4	5	4	4	3	6	6	4	3	5	3
Zu einem Jugendtreff, in ein Jugendzentrum, Jugendhaus gehen	5	6	5	13	12	10	4	2	3	1	1
Mit anderen Gespräche führen, über Probleme reden	19	16	23	11	20	16	25	20	24	15	23
Verschiedene Dinge sammeln (z.B. Schallplatten, Briefmarken)	5	7	3	11	2	5	3	5	2	8	3
Eltern/Verwandte besuchen	8	6	11	2	2	3	6	8	14	11	19
Etwas Verrücktes machen	6	5	6	9	10	6	7	4	2	2	5

Tabelle 38: Freizeitbeschäftigungen nach bevorzugtem Freizeitpartner

Prozentwerte (senkrecht)
(Mehrfach-Nennungen)

	Bevorzugte Freizeitpartner					
Basis:	Allein	Eltern/ Verwandte	(Ehe-) Partner	Freunde/ Bekannte	Clique	Kollegen/ Mitschüler/ Kommilitonen
	69	127	881	735	125	60
Künstlerische Hobbies (Musizieren, Malen, Schreiben Töpfern usw.)	29	17	15	20	6	31
Handarbeiten, Basteln, Reparaturen	31	34	36	21	26	23
Weiterbildung	19	10	13	9	3	4
Nebenher Geld verdienen	14	6	11	11	13	12
Nichts tun, Faulenzen	13	13	17	19	13	19
Lesen	53	41	37	33	11	37
Musik hören	56	56	44	53	53	52
Fernsehen	27	31	26	18	22	21
Sport treiben im Verein	20	19	23	22	38	37
Freizeitsport treiben (Jogging, Skilaufen, Schwimmen usw.)	29	23	29	28	22	15
In Vereinen, Verbänden, Parteien, Initiativgruppen mitarbeiten	7	10	7	10	6	8
Karten spielen, andere Spiele	13	13	13	6	11	4
Auf Parties/zu Festen gehen	8	7	12	19	24	19
Mit anderen zusammensein - sich treffen (ohne Pläne)	11	32	33	43	34	33
Gaststätten, Restaurants, Cafés, Kneipen besuchen	10	6	14	18	18	12

Tabelle 38: **Freizeitbeschäftigungen nach bevorzugtem Freizeitpartner**

Fortsetzung

Bevorzugte Freizeitpartner

Basis:	Allein 69	Eltern/ Verwandte 127	(Ehe-) Partner 881	Freunde/ Bekannte 735	Clique 125	Kollegen/ Mitschüler/ Kommilitonen 60
Ins Kino gehen	16	13	13	18	25	21
Konzerte, Theater, kulturelle veranstaltungen besuchen	8	5	10	12	3	10
In Discos gehen/tanzen	7	20	13	19	30	4
Sportveranstaltungen besuchen	5	5	10	11	9	2
Einkaufsbummel, schaufensterbummel machen	13	12	19	10	6	11
Autofahren, Motorrad-, Mofafahren (zum Spaß)	19	11	17	20	44	18
Ausflüge machen, wandern	7	22	19	13	6	8
Im Haushalt helfen	4	15	11	8	5	9
Für die Schule lernen	11	9	5	10	12	26
Sich im sozialen Bereich engagieren (Freiwillige Feuerwehr, Rotes Kreuz, Altenbetreuung)	1	6	3	6	4	2
Zu einem Zugendtreff, in ein Jugendzentrum, Jugendhaus gehen	8	6	1	10	9	3
Mit anderen Gespräche führen, über Probleme reden	7	19	19	22	18	8
Verschiedene Dinge sammeln (z.B. Schallplatten, Briefmarken)	4	12	4	4	3	8
Eltern/Verwandte besuchen	11	11	13	4	3	7
Etwas Verrücktes machen	6	6	4	8	6	4

Tabelle 39: **Typologie der 15 - 25jährigen Jugendlichen: Freizeitbeschäftigungen bei den drei Orientierungstypen (1)**

Prozentwerte (senkrecht)
(Mehrfach-Nennungen)

	TYP I Konventionell Erwachsenen-orientierte 37 %	TYP II Strategisch Erwachsenen-orientierte 34 %	TYP III Autonom Jugend-orientierte 29 %
Künstlerische Hobbies (Musizieren, Malen, Schreiben, Töpfen usw.)	18	12	22
Handarbeiten, Basteln, Reparaturen	30	23	25
Weiterbildung	11	8	8
Nebenher Geld verdienen	10	14	15
Nichts tun, Faulenzen	15	15	22
Lesen	33	31	34
Musik hören	51	52	57
Fernsehen	21	21	20
Sport treiben im Verein	25	24	22
Freizeitsport treiben (Jogging, Skilaufen, Schwimmen etc.)	28	24	21
In Vereinen, Verbänden, Parteien, Initiativgruppen mitarbeiten	10	8	6
Karten spielen, andere Spiele	10	9	8
Auf Parties/zu Festen gehen	19	20	14
Mit anderen zusammensein – sich treffen (ohne Pläne)	37	36	39
Gaststätten, Restaurants, Cafés, Kneipen besuchen	13	13	22

Tabelle 39: **Typologie der 15 - 25jährigen Jugendlichen: Freizeitbeschäftigungen bei den drei Orientierungstypen (2)**

Fortsetzung

	TYP I Konventionell Erwachsenenorientierte 37 %	TYP II Strategisch Erwachsenenorientierte 34 %	TYP III Autonom Jugendorientierte 29 %
Ins Kino gehen	21	17	18
Konzerte, Theater, kulturelle Veranstaltungen besuchen	9	8	8
In Discos gehen/tanzen	16	30	15
Sportveranstaltungen besuchen	9	9	8
Einkaufsbummel, Schaufensterbummel machen	16	13	11
Autofahren, Motorrad-, Mofafahren (zum Spaß)	21	24	19
Ausflüge machen, wandern	14	12	11
Im Haushalt helfen	10	11	6
Für die Schule lernen	12	11	7
Sich im sozialen Bereich engagieren (Freiwillige Feuerwehr, Rotes Kreuz, Altenbetreuung)	4	4	5
Zu einem Jugendtreff, in ein Zugendzentrum, Jugendhaus gehen	6	9	7
Mit anderen Gespräche führen, über Probleme reden	20	15	24
Verschiedene Dinge sammeln (z.B. Schallplatten, Briefmarken)	5	5	4
Eltern/Verwandte besuchen	8	6	3
Etwas Verrücktes machen	4	8	7

Basis: 1460 Jugendliche im Alter von 15 - 25 Jahren

Tabelle 40: Fehlende Freizeiteinrichtungen nach Geschlecht, Alter und Gemeindegröße

Prozentwerte (senkrecht)
(Mehrfach-Nennungen)

Basis:	Gesamt 2.012	♂ 1.030	♀ 982	15 – 17 Jahre 436	18 – 21 Jahre 543	22 – 25 Jahre 480	26 – 30 Jahre 552	Bis 5.000 Einwohner 281	Bis 50.000 Einwohner 429	Über 50.000 Einwohner 1.301
Schwimmbad	10	8	12	12	9	8	11	23	9	8
Sportanlagen	6	6	6	8	6	3	6	9	8	5
Tanzgelegenheit	10	9	12	18	12	6	6	13	16	8
Jugendzentrum	22	19	25	31	30	17	11	33	25	18
Gaststätten, Kneipen	4	4	5	1	3	7	6	4	4	5
Kino	6	7	5	9	5	6	7	10	5	6

116

Tabelle 41: Soziodemografische Struktur der organisierten Jugendlichen

Prozentwerte (senkrecht)

Basis:		Gesamt 2.012	Umwelt-schützer 195	Atom-kraft-gegner 161	Friedens-bewegung 225	Bürger-initiative 79	Jugend-zentrums-bewegung 87	ASTA/SVM 103	Gewerk-schafts-jugend 71	Kirchl. Jugend-gruppen 172
Geschlecht	♂	51	56	53	53	54	61	58	73	49
	♀	49	44	47	46	46	39	42	27	51
Alter	15 - 17 Jahre	22	20	16	16	13	39	30	11	42
	18 - 21 Jahre	27	31	30	32	21	33	35	27	32
	22 - 25 Jahre	24	25	30	30	27	13	30	21	18
	26 - 30 Jahre	27	24	24	22	39	15	5	41	8
Bildungs-abschluß	Hauptschule	38	25	19	19	33	28	11	41	26
	Mittlerer Abschluß	39	40	36	38	31	51	47	48	46
	Abitur	23	35	45	43	36	21	42	11	28

Tabelle 42: Faktorenanalyse* von Einstellungen zu Arbeit und Beruf

Arbeitsorientierung	Typische Statements	Faktorladung**
A Interessengeleitet – engagiert	* Ideal ist ein Beruf, in dem man politisches und soziales Engagement verwirklichen kann	0,78
	* Wenn ich die Möglichkeit hätte, würde ich in einem selbstverwalteten alternativen Betrieb arbeiten – auch wenn man da wenig Geld verdient	0,71
	* Wenn ich genug Geld hätte, würde ich nicht arbeiten	–0,34
	* Ich würde einen Halbtagsjob jederzeit einer Ganztagsarbeit vorziehen	0,29
B Konventionell – mageriell	* Ich arbeite gerne mehr, um mir einiges leisten zu können	0,83
	* Jeder, der sich anstrengt, kann sich hocharbeiten	0,83
C Freizeitbezogen – hedonistisch	*Wenn ich genug Geld hätte, würde ich nicht arbeiten	0,73
	* Ich würde einen Halbtagsjob jederzeit einer Ganztagsbeschäftigung vorziehen	0,73
	* Erfolg im Beruf ist nicht so wichtig	0,46
	* Wenn ich die Möglichkeit hätte, würde ich in einem selbstverwalteten alternativen Betrieb arbeiten – auch wenn man da wenig Geld verdient	0,34

* Es wurde eine Hauptkomponentenanalyse mit anschließender orthogonaler Rotation der drei extrahierten Faktoren durchgeführt. Die drei Faktoren klären 60 % der gesamten Varianz auf.

** Die Faktorladung gibt die Stärke des Zusammenhangs eines Statements mit einem Faktor an. Sie variiert zwischen 0 und -1 bzw. +1 (je nach Richtung der Aussage). Eine Faktorladung von 1 bedeutet einen perfekten Zusammenhang, eine Faktorladung von 0 bedeutet gar keinen Zusammenhang.

Tabelle 43: Typologie der Arbeitsorientierungen: Soziodemografische Struktur der drei Einstellungstypen

Prozentwerte (senkrecht)

	Typ I Interessen- geleitet– engagiert 20 %	Typ II Konventionell –materiell 67 %	Typ III Freizeit- bezogen– hedonistisch 13 %
Alter			
o 15 bis 17 Jahre	14	25	17
o 18 bis 21 Jahre	30	26	31
o 22 bis 25 Jahre	27	22	25
o 26 bis 30 Jahre	29	27	27
Bisher erreichter Bildungsabschluß			
o Hauptschule	13	45	30
o Realschule/Fachschule/ Mittl. Reife	38	38	35
o Abitur/Studium	47	12	34
Geschlecht			
o Männlich	44	56	40
o Weiblich	56	44	60
Berufstätigkeit			
o Berufstätig	29	47	30
o Nicht berufstätig	71	53	70

Basis: 2012 Jugendliche und junge Erwachsene zwischen 15 und 30 Jahren.

Tabelle 44: Typologie der Arbeitsorientierungen: Freizeitbeschäftigungen bei den drei Einstellungstypen (1)

Prozentwerte (senkrecht)
(Mehrfach-Nennungen)

	TYP I Interessen-geleitet-engagiert 20 %	TYP II Konventionell-materiell 67 %	TYP III Freizeit-bezogen-hedonistisch 13 %
Künstlerische Hobbies (Musizieren, Malen, Schreiben, Töpfern usw.)	31	12	22
Handarbeiten, Basteln, Reparaturen	28	31	26
Weiterbildung	14	11	8
Nebenher Geld verdienen	10	12	11
Nichts tun, Faulenzen	13	18	22
Lesen	45	30	40
Musik hören	46	50	47
Fernsehen	12	27	19
Sport treiben im Verein	17	26	17
Freizeitsport treiben (Jogging, Skilaufen, Schwimmen usw.)	23	28	29
In Vereinen, Verbänden, Parteien, Initiativgruppen mitarbeiten	11	8	5
Karten spielen, andere Spiele	7	11	8
Auf Parties/zu Festen gehen	10	17	13
Mit anderen zusammensein - sich treffen (ohne Pläne)	40	33	45
Gaststätten, Restaurants, Cafés, Kneipen besuchen	15	14	18

Tabelle 44: Typologie der Arbeitsorientierungen: Freizeitbeschäftigungen bei den drei Einstellungstypen (2)

Fortsetzung

	TYP I Interessen- geleitet- engagiert 20 %	TYP II Konventionell- materiell 67 %	TYP III Freizeit- bezogen- hedonistisch 13 %
Ins Kino gehen	15	16	15
Konzerte, Theater, kulturelle Veranstaltungen besuchen	17	8	11
In Discos gehen/tanzen	9	19	14
Sportveranstaltungen besuchen	4	11	8
Einkaufsbummel, Schaufensterbummel machen	11	14	17
Autofahren, Motorrad-, Mofafahren (zum Spaß)	13	24	10
Ausflüge machen, wandern	16	14	16
Im Haushalt helfen	8	10	8
Für die Schule lernen	9	8	6
Sich im sozialen Bereich engagieren (Freiwillige Feuerwehr, Rotes Kreuz, Altenbetreuung)	8	4	4
Zu einem Jugendtreff, in ein Jugendzentrum, Jugendhaus gehen	8	5	4
Mit anderen Gespräche führen, über Probleme reden	38	14	20
Verschiedene Dinge sammeln (z.B. Schallplatten, Briefmarken)	5	5	4
Eltern/Verwandte besuchen	6	9	8
Etwas Verrücktes machen	5	5	9

Basis: 2012 Jugendliche und junge Erwachsene zwischen 15 und 30 Jahren

Tabelle 45: Typologie der Arbeitsorientierungen: Einstellungen der drei Typen zu Gruppen und Organisationen (1)

Prozentwerte (senkrecht)*

	TYP I Interessen- geleitet- engagiert 20 %	TYP II Konventionell- materiell 67 %	TYP III Freizeit- bezogen- hedonistisch 13 %
●Umweltschützer:			
Gehöre ich dazu	22	7	7
Finde ich gut	74	73	79
Lehne ich ab/sind Gegner von mir	-	2	2
●Atomkraftgegner:			
Gehöre ich dazu	25	2	11
Finde ich gut	49	32	44
Lehne ich ab/sind Gegner von mir	10	35	15
●Junge Union:			
Gehöre ich dazu	1	2	-
Finde ich gut	9	23	12
Lehne ich ab/sind Gegner von mir	42	19	32
●Jungsozialisten:			
Gehöre ich dazu	2	1	1
Finde ich gut	23	15	23
Lehne ich ab/sind Gegner von mir	17	22	11
●Gewerkschaftsjugend:			
Gehöre ich dazu	3	4	4
Finde ich gut	40	34	27
Lehne ich ab/sind Gegner von mir	9	10	7
●Friedensbewegung:			
Gehöre ich dazu	31	4	16
Finde ich gut	58	67	64
Lehne ich ab/sind Gegner von mir	2	7	3

* Die Antwortkategorie "Ist mir ziemlich egal, kann ich tolerieren" wird in dieser Übersicht weggelassen

Tabelle 45: Typologie der Arbeitsorientierungen: Einstellungen der drei Typen zu Gruppen und Organisationen (2)

Fortsetzung

	TYP I Interessen- geleitet- engagiert 20 %	TYP II Konventionell- materiell 67 %	TYP III Freizeit- bezogen- hedonistisch 13 %
● Kirchliche Jugendgruppen:			
Gehöre ich dazu	11	9	5
Finde ich gut	35	37	28
Lehne ich ab/sind Gegner von mir	13	8	9
● Bürgerinitiativen:			
Gehöre ich dazu	10	2	4
Finde ich gut	76	63	73
Lehne ich ab/sind Gegner von mir	1	5	2
● Schülermitverwaltung/ASTA:			
Gehöre ich dazu	10	4	6
Finde ich gut	69	52	55
Lehne ich ab/sind Gegner von mir	2	5	4
● Frauenbewegung:			
Gehöre ich dazu	3	–	1
Finde ich gut	28	10	19
Lehne ich ab/sind Gegner von mir	24	40	30
● Männergruppen:			
Gehöre ich dazu	–	–	–
Finde ich gut	26	3	17
Lehne ich ab/sind Gegner von mir	21	51	29
● Nationalsozialistische Gruppen:			
Gehöre ich dazu	–	–	–
Finde ich gut	1	4	2
Lehne ich ab/sind Gegner von mir	88	74	83

Basis: 2012 Jugendliche und junge Erwachsene zwischen 15 und 30 Jahren

Verzeichnis der Tabellen

Tab. Seite

1   Bedeutung von finanzieller Sicherheit nach Alter 73
2   Einstellungen zu Geldausgeben und Konsum nach Geschlecht und Alter 74
3   Einstellungen zu materiellem Besitz nach Geschlecht und Alter 75
4   Einstellungen zu materiellem Besitz nach dem Haushaltsnettoeinkommen 76
5   Gesprächspartner bei Problemen nach Alter und Geschlecht 77
6   Verhältnis zu den Eltern nach Geschlecht und Alter 78
7   Freizeitpartner nach Geschlecht und Alter 79
8   Einstellungen zur „Welt der Erwachsenen" bei den Anhängern der Alternativbewegung 80
9   Einstellung zur „Welt der Erwachsenen" nach Geschlecht und Bildung 81
10 Typologie der 15-25jährigen Jugendlichen: Zufriedenheit mit dem schulischen Bildungswesen bei den drei Orientierungstypen 82
11 Typologie der 15-25jährigen Jugendlichen: Zufriedenheit mit dem beruflichen Bildungswesen bei den drei Orientierungstypen 83
12 Typologie des Rollenwandels junger Frauen: Aussagen zu Ehe und Partnerschaft bei den drei Einstellungstypen . 86
13 Typologie des Rollenwandels junger Frauen: Struktur der Meinungsschwerpunkte bei den drei Einstellungstypen 84
14 Typologie des Rollenwandels junger Frauen: Geschlechtsspezifische Bedeutung unterschiedlicher Eigenschaften und Fähigkeiten bei den drei Einstellungstypen . 87
15 Typologie des Rollenwandels junger Frauen: Soziodemografische Struktur der drei Einstellungstypen 88
16 Einstellungen zu Ehe und Partnerschaft nach Geschlecht . 89

17	Typologie des Rollenwandels junger Männer: Struktur der Meinungsschwerpunkte bei den drei Einstellungstypen	90
18	Typologie des Rollenwandels junger Männer: Aussagen zu Ehe und Partnerschaft bei den drei Einstellungstypen	91
19	Typologie des Rollenwandels junger Männer: Geschlechtsspezifische Bedeutung unterschiedlicher Eigenschaften und Fähigkeiten bei den drei Einstellungstypen	92
20	Typologie des Rollenwandels junger Männer: Akzeptanz der Alternativbewegung bei den drei Einstellungstypen	93
21	Typologie des Rollenwandels junger Frauen: Akzeptanz der Alternativbewegung bei den drei Einstellungstypen	94
22	Typologie des Rollenwandels junger Männer: Meinungen zu Arbeit und Beruf bei den drei Einstellungstypen	95
23	Typologie des Rollenwandels junger Männer: Soziodemografische Struktur der drei Einstellungstypen	96
24	Betroffenheit von sozialen und wirtschaftlichen Problemen bei den 15- bis 30-Jährigen nach Geschlecht	97
25	Ansprüche der 15- bis 30-Jährigen an den ausgeübten oder angestrebten Beruf nach Geschlecht	98
26	Typologie des Rollenwandels junger Frauen: Aussagen zu Arbeit und Beruf bei den drei Einstellungstypen	99
27	Einstellung zur Halbtagsarbeit bei den 15- bis 30jährigen Frauen nach Alter	100
28	Persönliche Betroffenheit durch aktuelle politische Probleme bei den 15- bis 30-Jährigen nach Geschlecht	101
29	Einschätzung der Wirksamkeit verschiedener politischer Verhaltensformen bei 15- bis 30-Jährigen nach Geschlecht	102
30	Organisatorische Bindungen bei den 15- bis 30-Jährigen nach Geschlecht	103
31	Typologie des Rollenwandels junger Frauen: Einflußnahme auf die Politik bei den drei Einstellungstypen	104
32	Typologie des Rollenwandels junger Frauen: Organisatorische Bindungen bei den drei Einstellungstypen	105
33	Freizeit nach Alter und Geschlecht	106
34	Freizeit nach Berufstätigkeit	107

35	Freizeitpartner nach Familienstand und Geschlecht	108
36	Freizeitpartner nach Berufstätigkeit	109
37	Freizeitbeschäftigung nach Geschlecht und Alter	110
38	Freizeitbeschäftigung nach bevorzugtem Freizeitpartner	112
39	Typologie der 15- bis 25jährigen Jugendlichen: Freizeitbeschäftigungen bei den drei Orientierungstypen	114
40	Fehlende Freizeiteinrichtungen nach Geschlecht, Alter und Gemeindegröße	116
41	Soziodemografische Struktur der organisierten Jugendlichen	117
42	Faktorenanalyse von Einstellungen zu Arbeit und Beruf	118
43	Typologie der Arbeitsorientierungen. Soziodemografische Struktur der drei Einstellungstypen	119
44	Typologie der Arbeitsorientierungen: Freizeitbeschäftigungen bei den drei Einstellungstypen	120
45	Typologie der Arbeitsorientierungen: Einstellungen der drei Typen zu Gruppen und Organisationen	122

Alltag und Biografie von Mädchen

Alltag und Biografie von Mädchen
Lebensbedingungen, Probleme und Perspektion weiblicher Jugendlicher in der Bundesrepublik heute
Herausgegeben von der Sachverständigenkommission
Sechster Jugendbericht:

In Forschung und wissenschaftlicher Literatur über Jugendfragen und über Jugendliche wird durchweg ohne Unterschied über die Lebenskonzepte, die Berufsorientierung, Ausbildungs-, Schul- oder Freizeitprobleme, Familiensituation und Konfliktlagen „der Jugendlichen" nachgedacht. Bei genauerem Hinsehen zeigt sich: Es wird praktisch nur von Jungen geredet – Mädchen erscheinen subsumiert bzw. allenfalls als eine (defizitäre) „Spielart des Normalfalls" der männlichen Jugendlichen.
Diese Reihe stellt den Lebenszusammenhang von Mädchen in den Mittelpunkt, um von hier aus eine angemessene Sichtweise der Probleme und neue Perspektiven für Mädchen und Frauen zu entwickeln.

Die Bände:

1. Sozialisation: Weiblich – männlich?
2. Lebensort: Familie
3. Vom Nutzen weiblicher Lohnarbeit
4. Rechtliche und politische Diskriminierung von Mädchen und Frauen
5. Das Frauen- und Mädchenbild in den Medien
6. Mädchenbücher: Leitbilder der Weiblichkeit
7. Alltagsbewältigung: Rückzug – Widerstand
8. Weibliche Kulturgeschichte
9. Sexualität – Beschädigung statt Selbstbestimmung
10. Mädchen in Erziehungseinrichtungen: Erziehung zur Unauffälligkeit
11. Mädchen in der Provinz
12. Ausländische Mädchen in der Bundesrepublik
13. Am Rande der Arbeitsgesellschaft: Weibliche Behinderte und Erwerbslose
14. Koedukation Jungenschule auch für Mädchen?
15. Mädchen in Einrichtungen der Jugendhilfe
16. Mädchen in der Psychiatrie
17. Bericht der Kommission

Leske

Die verunsicherte Generation

Jugend und Wertewandel
Ein Bericht des SINUS-Instituts,
im Auftrag des Bundesministers
für Jugend, Familie und Gesundheit.
168 Seiten. 9.80 DM
ISBN: 3-8100-0464-2

Stichworte aus der „Vorbemerkung"

Widersprüchlicher Wertewandel
Eine schlichte Dichotomisierung Jugendlicher und junger Erwachsner in „Materialisten" und „Postmaterialisten" verstellt nach unseren Befunden den Blick auf die eigentlichen Veränderungsprozesse.

Soziale Sicherheit: „Renaissance" eines Grundbedürfnisses:
Postmaterielle Tendenzen im Sinne relativer Geringschätzung von Konsum lassen sich durchaus nachweisen. Eine Mehrheit von 56 % propagiert das konsumverachtende, einfache Leben.

Triebfeder Angst:
Die großen Probleme unserer Zeit, wie Kriegsgefahr und Umweltzerstörung lösen ein hohes Maß an persönlicher Betroffenheit aus.

Jugend und Politik: Do-it-yourself – aber ohne Gewalt:
Die „Gretchenfrage" der neueren politischen Kulturforschung ist in der Regel die nach der „Systemzufriedenheit". 48 % der Jugendlichen und jungen Erwachsenen sind nach unseren Befunden eher zufrieden, 51 % eher unzufrieden mit dem politischen System.

Jugendforschung in der Bundesrepublik

Teil II des SINUS-Berichts über Jugend und Wertewandel.
Im Auftrag des Bundesministers für Jugend, Familie und Gesundheit.
Ca. 120 Seiten. Kart., ca. 12,80 DM.
ISBN: 3-8100-0469-3

Ein grundlegender Literaturbericht, der für künftige Forschung und ihre Nutzer ebenso wichtig sein wird wie für Studierende, die sich in das Gebiet einarbeiten wollen. Referiert und kommentiert werden wichtige Befunde der Jugendforschung aus den vergangenen 25 Jahren – von Schelsky's „Skeptischer Generation" (1957) bis „Jugend '81".
Im ersten Teil wird ein kurzer Abriß der Jugendforschung in der Nachkriegszeit gegeben. Dabei werden wichtige Typisierungen der Jugend, wie sie in den einzelnen Zeitabschnitten vorgenommen wurden, herausgearbeitet.
Teil zwei diskutiert wichtige Veränderungen in der Lebenswelt von Jugendlichen anhand eindeutiger Trends.
Der dritte Teil geht auf Bedeutung und Inhalte der Alternativbewegung und der jugendlichen Subkulturen ein. Dabei zeigt sich, daß die in ihren Zielen und Erscheinungsformen sehr heterogene Alternativbewegung bestimmte Brüche mit traditionellen Lebensformen vornimmt, die auch für viele Jugendlichen und junge Erwachsene, die nicht selbst der Alternativbewegung zuzurechnen sind, plausibel und attraktiv sind.

leske